AF185715

tredition®
www.tredition.de

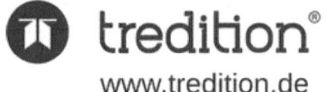

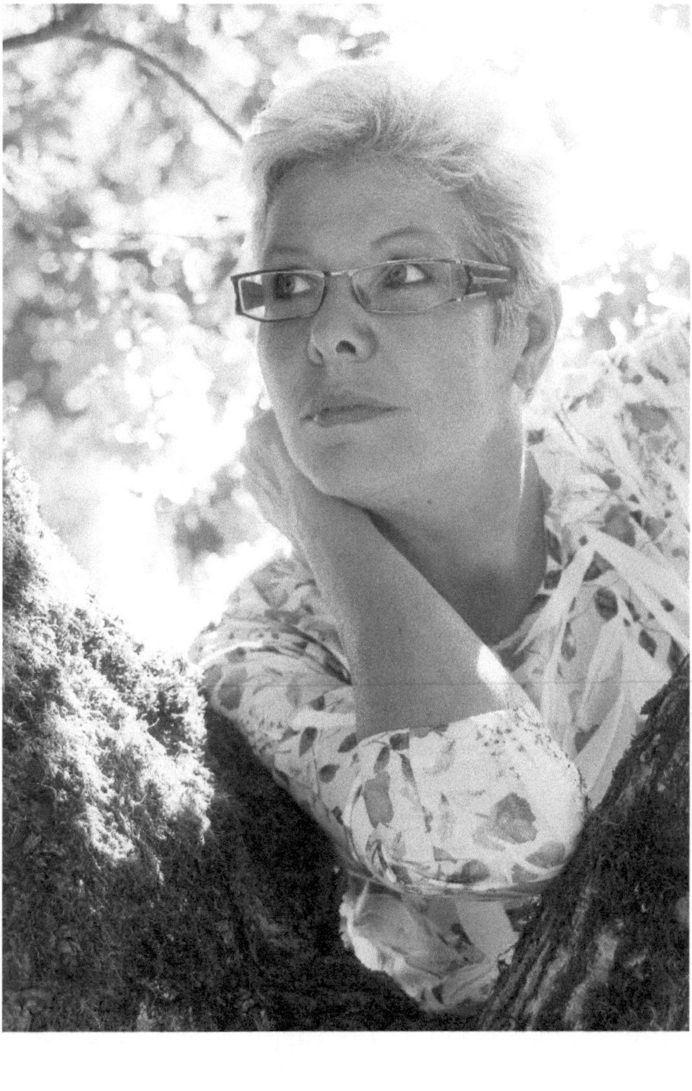

Für Dich

Rosemarie Hofer

DULIDU
Geduldig habe ich den Krebs besiegt

© 2015 Rosemarie Hofer

Umschlag, Illustration: Jonny Hofer / PHOTO & IMAGE Ltd. London

Lektorat: Ellen Heidböhmer

Übersetzung Text Peter Kater: Martin Laschkolnig

Verlag: tredition GmbH, Hamburg

Paperback   ISBN 978-3-7439-3365-1

Hardcover   ISBN 978-3-7439-3366-8

e-Book   ISBN 978-3-7439-3367-5

Printed in Germany

Es hat sehr lange gedauert,

bis ich erkannte,

dass Glück mir nicht gegeben wird

oder einfach vom Himmel fällt.

Glück,

so habe ich erfahren,

ist das Ergebnis meiner inneren Einstellung!

Rosemarie Hofer

Warum?

Es hat sehr lange gedauert, bis ich erkannte, dass Glück mir nicht gegeben wird oder einfach vom Himmel fällt. Glück, so habe ich erfahren, ist das Ergebnis meiner inneren Einstellung! Früher, vor wenigen Jahren erst, war mein Denken noch anders.

Ich erwartete, dass das Glück, welches ich wahrscheinlich noch nicht einmal als solches erkannt hätte, auf mich zukommt. Es sollte mir zufliegen.

Mein Denken und mein Handeln waren in den ersten ca. 50 Jahren meines Lebens nicht authentisch, wie ich heute weiß. Um zu dieser Erkenntnis zu gelangen, brauchte ich viele persönliche Einschnitte und eine Krankheit.

All das sehe ich heute als Lernprozesse an. Alle diese Erfahrungen haben mir geholfen. Manch einer wird es nicht glauben wollen, aber ich bin im Inneren meines Herzens dafür dankbar.

Natürlich ist auch heute in meinem Leben nichts perfekt. Ich gehe jedoch gelassener mit allem um, was mich früher belastet hat: „Was werden wohl die anderen denken?", „Wie siehst du denn aus?", „Denk doch mal nach!", „Sei doch nicht so egoistisch!" usw. Selbst der gerade geschriebene Satz wäre mir früher nie über die Lippen oder auf ein Blatt Papier gekommen.

Eine neue Art des Denkens ist auch eine neue Art des Selbstbewusstseins. Die neue Situation – auch wenn sie nicht immer so leicht ist, denn auch ich werde älter und habe nun mal einige Eingriffe in meinen Körper erleben müssen – ist trotz allem sehr erfreulich für mich.

Die neue, die authentische Rosemarie, sie gefällt mir. Auch mein Äußeres hat sich dem Inneren angepasst: neu, anders als früher, schöner, schlanker, selbstbewusster.

An dieser Stelle werden in Texten sehr häufig und gern Autoritäten zitiert. Ich dagegen erinnere mich gern an viele Autoritäten, wie z. B. meine Familie, deren Meinung über mein Inneres wie Äußeres sehr positiv ausfällt. „Natürlich", werden Sie denken, „wenn nicht die, wer denn dann?"

Na gut, dann nenne ich als weitere Autoritäten meine Mitarbeiter und meine Kunden. Auch von ihnen bekomme ich täglich viele positive Rückmeldungen, ohne danach gefragt zu haben. Wenn Ihnen das immer noch nicht reicht, lesen Sie weiter. Einige Autoritäten werden im Laufe der Geschichte noch ihre Meinung sagen.

Warum schreibe ich dieses Buch? Es gibt viele Menschen, die behaupten, man solle dann ein Buch schreiben, wenn man das Gefühl hat, etwas aussagen zu können und zu müssen.

Kein Pillepalle, sondern etwas Wichtiges. Täglich holt mich das Thema Krebs wieder ein, durch die körperlichen Nachwirkungen, aber auch in Gesprächen mit Betroffenen, Familienmitgliedern, Freunden und Bekannten von Betroffenen.

Als Fotografin schon mehreren Generationen von Menschen in meiner Heimatgegend bekannt, bin ich durch meine täglich in den sozialen Medien geäußerten Gedanken zu verschiedenen Themen so etwas wie eine öffentliche Person geworden, von der die Menschen sehr viel wissen oder zu wissen glauben. Jeden Tag erzählen mir Menschen ungefragt von ihren Sorgen und Nöten, von ihren Krankheiten!

Soweit es mir möglich ist, höre ich zu und versuche anhand von eigenen Beispielen aufzuzeigen, was ich in vergleichbaren Situationen gemacht habe und wie ich heute damit umgehe.

Oftmals sagen mir die Menschen, dass ich ihnen damit sehr geholfen habe. Immer wieder kam die Aussage, ich solle doch ein Buch aus meiner Sicht schreiben: die Sicht einer Frau, die ihr Leben auf eine neue Basis gestellt hat. Einige werden kommen und sagen: „Ach Rosemarie, das wievielte Buch zu diesem Thema ist das? Sieh mal nach, was dazu bei Google alles zu finden ist."

Dazu möchte ich Folgendes sagen: Diese ewigen Bedenkenträger habe ich weitestgehend aus meinem Umfeld entfernt beziehungsweise habe ich mich aus deren Umfeld entfernt. Sie können einem Menschen viel rauben: nicht nur Zeit, auch Selbstvertrauen, ein gesundes Selbstbild, die eigene Wahrheit! An dieser Stelle kommen die Phrasendrescher und fragen, wie denn die Wahrheit definiert sei. Nun, deshalb ja die eigene Wahrheit. Meist sind die Phrasendrescher neidisch und möchten dafür Sorge tragen, dass ich nicht etwas tue, was sie sich nie trauen würden. Den Bedenkenträgern kann ich dagegen locker zurufen: „Ich habe eine wunderbare Verlegerin! Sie hat mich gefunden, und sie wird schon wissen, was sie tut!"

Mit ihr gemeinsam und weiteren Unterstützern möchte ich mit diesem Buch Mut machen, nicht nur bei einer Krankheit, sondern, wenn möglich, für ein authentisches, echtes, eigenes Leben.

Einige Menschen haben mir vorgeschlagen, ich solle doch am Ende des Buches auch noch etwas darüber schreiben wie es meinem Mann und meinen Söhnen ergangen ist, aber das wäre dann deren Geschichte.

Natürlich haben sie mir nicht alles erzählt, was sie fühlten, wie sie fühlten. Und deshalb müsste ich an dieser Stelle spekulieren, was dem Leser gegenüber unfair wäre. Was ich aber sagen kann, ist, dass unter anderem auch meine Krankheit einige Jahre später einen hohen Tribut von meinem Mann forderte.

Ich bin froh, dass er diese Zeit fast gänzlich unbeschadet überstanden hat. Das jedoch ist ein anderes Buch!

Westerburg, 14. 12. 2014

Rosemarie Hofer

Geleitwort von Erhard F. Freitag

Liebe Leserin, lieber Leser,

zunächst möchte ich Ihnen gratulieren, dass Sie sich für dieses Buch entschieden haben. Sie werden bald merken:

Es ist kein Zufall, dass dieses Buch Sie gefunden hat! Rosemarie Hofer schreibt in einer klar verständlichen Sprache, und Sie werden bereits auf den ersten Seiten von ihr inspiriert sein.

Sie werden viele Beispiele aus dem wahren Leben finden und in ein Land mitgenommen, in dem Zufriedenheit und Glück auf Sie warten. Sollten Sie unerfüllte Wünsche haben, dann lesen Sie täglich in diesem Buch und beginnen Sie, für ein neues Leben offen zu sein!

Manchmal erschließt sich eine neue Lebensqualität erst im Laufe einiger Zeit und bisweilen verstehen wir auch erst in einem größeren Zusammenhang wenn wir innerlich dazu bereit sind. Sie werden lernen, Ihre Wünsche an das Schicksal weiter zu geben, und ab dann wird sich Ihr Leben entscheidend verändern. Glauben Sie, dass Sie erreichen werden, was Sie sich wünschen!

Rosemarie Hofer wird während des Lesens bei Ihnen sein! Seien Sie geduldig, denn „Geduld bringt Rosen"!

Sind Sie bereit?

Meine Empfehlung: Glauben Sie daran, dass Sie dem Guten bald begegnen werden, und gehen Sie ihm in Liebe entgegen!

Ich wünsche Ihnen von Herzen alles Gute.

Ihr

Erhard F. Freitag

† 8. November 2015

Vordenker auf dem Gebiet der ganzheitlichen Lebensweise und Bestsellerautor. Allein das Buch Kraftzentrale Unterbewusstsein wurde über 2,5 Millionen-mal verkauft.

www.efreitag.com

Geleitwort von Dr. med. Barbara Buchen

Als Frau Hofer im August 2007 von der Diagnose Krebs erfuhr führte diese Erfahrung unweigerlich zu einer Grenzsituation in ihrem Leben.

Die Angst und Ungewissheit über den Ausgang dieser unberechenbaren Erkrankung führt seelisch zu einer unglaublichen Belastung.

In dieser Krisensituation hat Frau Hofer allerdings nie resigniert, sondern mit einem unglaublichen Lebenswillen und Mut ihr Leben neu definiert, reflektiert und neue Visionen und Perspektiven entwickelt. Die intensive Auseinandersetzung mit der Erkrankung und ihrem bisherigen Leben führte zur Mobilisation von neuen Energien und Ideen, zu einer wesentlichen Verbesserung ihrer Lebensqualität und zu neuen Lebensinhalten.

Sie hat gelernt, sich selbst und ihr Leben zu lieben! Meine große Bewunderung und Achtung gebührt der aktiven und konsequenten Änderung ihres Lebensalltages in Form von Entspannungstraining, Meditation, Sport, Ernährung, Musik und einer erfüllenden Arbeit.

Es gibt leider nur wenige Menschen, die auf so wundervolle Art und Weise die schwere Erkrankung als neue Chance im Leben wahrgenommen haben.

Ich habe Frau Hofer mit großer Freude während ihrer Erkrankung und danach schulmedizinisch und komplementär begleitet. Die überaus positiven Veränderungen haben mich zutiefst berührt.

Ich bin ganz sicher, dass dieses Buch den Leser emotional und geistig inspiriert und ermutigt, Krisen nicht als Niederlage zu betrachten, sondern als ein neues Lebensglück!

Dr. med. Barbara Buchen

Fachärztin für Gynäkologie und Geburtshilfe

Zusatzbezeichnung: orthomolokulare Medizin

Vorwort von Stéphane Etrillard

Ein andauerndes Interesse für die verschiedenen Facetten der menschlichen Persönlichkeit ist sicher eine Voraussetzung, um überhaupt als Trainer und Coach arbeiten zu können.

In diesem Beruf habe ich während der vergangenen zwanzig Jahre unzählige Menschen kennengelernt und über fünfundzwanzigtausend von ihnen persönlich begleitet.

Bei dieser Arbeit erfahre ich sehr viel von meinen Klienten, schließlich geht es bei jedem einzelnen um die Entwicklung seiner Persönlichkeit. Das ist immer wieder eine Herausforderung, weil die meisten Menschen an ihrem bisherigen Selbstbild festhalten möchten. Längst nicht alle sind bereit, sich mit ihrem Selbst zu befassen und ihre persönliche Entwicklung in die Hand zu nehmen, um sie gezielt voranzutreiben. Das ist Arbeit, erfordert Mut, Entschlossenheit und Ausdauer.

Bei einem meiner Coachings durfte ich auch die Autorin dieses Buches kennenlernen. Viele Menschen, mit denen ich arbeite, haben einerseits den Wunsch, etwas in ihrem Leben zu verändern, sind zugleich jedoch voller Sorge, die Veränderungen tatsächlich zuzulassen, was übrigens nur zu verständlich ist.

Denn vielfach empfinden wir das Leben, so wie wir es uns eingerichtet haben, als durchaus bequem, selbst dann, wenn manche Dinge nicht so laufen, wie wir es uns wünschen.

Veränderungen erfüllen uns dagegen mit Sorgen, gehen mit Ängsten und Widerständen einher. Deshalb braucht es eine starke innere Bereitschaft, um größere Veränderungen einzuleiten und statische Zustände aufzulösen.

Bei Rosemarie Hofer war es anders. Ihr wurde eine massive Veränderung vom Leben aufgezwungen. Doch nahm sie diesen Einschnitt, der den meisten von uns alle Kraft geraubt hätte, nicht nur einfach hin, sondern nutzte ihn sogar für einen Neubeginn.

Diese eine aufgezwungene Veränderung führte zu weiteren und jetzt bewusst hervorgerufenen Veränderungen. Auf diesem Weg gab es Rückschläge und viele schwierige Momente, welche die Autorin jedoch als Teil eines Lernprozesses verstand.

Seither hat sich vieles bei Rosemarie Hofer verändert: ihre Einstellung zum Leben, ihr Denken und Handeln, sogar ihr Umgang mit Sprache und Kommunikation, um ihre Gedanken und Gefühle in Worte zu fassen und anderen verständlich zu machen.

Und sie begann im wahrsten Sinne des Wortes eigenverantwortlich zu leben und zu handeln. Die Verantwortung nicht abzugeben, auf dieses oder jenes zu schieben, sondern sie bewusst selbst zu übernehmen erfordert viel Kraft und Entschlossenheit und ist zugleich gelebte Souveränität.

Das eigenverantwortliche Handeln ist das Gegenteil von Fremdbestimmung und Abhängigkeit – sowohl von anderen als auch von den eigenen Denkmustern. Souveränität bedeutet also, das Leben in die eigenen Hände zu nehmen und zu gestalten. Und es lohnt sich, die persönlichen Stärken zu erkennen sowie Kompetenzen auszubauen und zu fördern.

In einer komplexen Welt, die so manche Überraschung bereithält, ist das eigene Selbst die verlässlichste Konstante und ermöglicht ein souveränes Auftreten, Entscheiden und Handeln.

Wenn Veränderungen notwendig werden oder sogar unabwendbar sind, ist es entscheidend, wie wir selbst auf diese Veränderungen reagieren und allen Rahmenbedingungen zum Trotz ein gewisses Maß an Kontinuität und Stabilität erreichen.

Die eigene Persönlichkeit wird dann zur stabilen Basis, auf der wir unser Leben aufbauen können. Die persönliche Souveränität wird damit zu einer Konstante, die uns selbst und auch anderen Stabilität verschafft. Genau deshalb stehen starke Persönlichkeiten gerade heute so hoch im Kurs. Rosemarie Hofer ist eine solche starke Persönlichkeit.

Das zeigt sich gerade in ihrem Umgang mit Rückschlägen. Natürlich besteht bei allen Zielen, die wir uns setzen, auch das Risiko, Fehler zu machen oder sogar zu scheitern. Und je mutiger die Entscheidungen sind, je höher das Risiko ist, umso größer wird die Wahrscheinlichkeit, dass Fehler gemacht werden. Wer keine Fehler machen will, darf kein Risiko eingehen.

Doch das hieße nichts anderes als Stagnation. Das freie Denken und Entscheiden, auch und gerade jenseits des Konventionellen, macht neue Wege und Möglichkeiten sichtbar.

Wer diese Wege geht, wird Fehler machen und Rückschläge hinnehmen, doch bieten sich zugleich unerschöpfliche Quellen für Erfahrungen und Lerneffekte. Diese Lernerfahrungen sind unentbehrlich für die persönliche Entwicklung und oft übrigens auch für den beruflichen Erfolg. Glücklicherweise verspüren viele Menschen einen starken Drang zur Weiterentwicklung.

Daraus wachsen neue Ziele und Visionen, die wiederum unser Leben bereichern und uns noch mehr Möglichkeiten, Alternativen und Spielräume für eigenverantwortliche Entscheidungen erkennen lassen. Hierbei muss es längst nicht immer um die ganz großen Dinge gehen.

Die Autorin dieses Buches zeigt uns, dass selbst kleine Impulse Mut machen und etwas ins Rollen bringen können. Dieses Buch ist ein Beispiel für praktizierte Souveränität, zeigt es doch ganz unverhohlen, dass wir in nahezu jeder Situation über erhebliche Handlungsspielräume und Möglichkeiten zur selbstständigen Gestaltung verfügen – selbst unter erschwerten Bedingungen. Eine wichtige Botschaft dieses Buches ist für mich:

Jeder Erfolg verleiht uns neue Kraft, und jeder Misserfolg ist ein Grund, es erneut zu versuchen.

Halten wir also Augen und Ohren geöffnet, um die kleinen und großen Impulse, die wir immer wieder erhalten, wahrnehmen zu können. Jeder dieser Impulse bietet die Chance, einen Anfang zu wagen, die eigene Persönlichkeit in das Zentrum der Bemühungen zu rücken.

Das Ziel ist ein souveränes Denken und Handeln. Und das ist eine verlässliche Basis für alles, was in Zukunft kommen mag. Eine inspirierende Lektüre in diesem Sinne wünscht

Ihr Stéphane Etrillard

Experte für persönliche Souveränität, internationaler Keynote Speaker und Executive Coach, zählt zu den meistgefragten und besthonorierten Top-Wirtschaftstrainern im deutschsprachigen Raum.

www.etrillard.com

Vorwort von Nikolaus B. Enkelmann

Liebe Leserin, lieber Leser,

in diesem Buch haben Sie die Möglichkeit, sich aus erster Hand ein Bild zu machen, was der Mensch mit seinem Denken erreichen kann.

Ich bin Rosemarie Hofer dankbar, dass sie Ihnen in ihrem Buch aufzeigt, wie man mit einer äußerst schwierigen gesundheitlichen Situation umgehen kann und Ihnen viele Tipps an die Hand gibt, die im realen Leben praktisch erprobt sind.

Seit über 40 Jahren befasse ich mich mit den Gesetzen des Erfolgs in allen menschlichen Lebensbereichen. Als Trainer, Mentor und professioneller Redner habe ich in den vergangenen Jahrzehnten zu über einer Million Menschen gesprochen.

Meine Erfahrungen haben gezeigt, dass es für jeden möglich ist, sein Leben nach seinen eigenen Vorstellungen zu gestalten.

Die wichtigste Voraussetzung ist allerdings, dass Sie sich darüber im Klaren sind was genau Sie wollen und welche Ziele Sie verfolgen.

Mit diesen Voraussetzungen haben viele meiner Seminarteilnehmer im Beruf Spitzenleistungen gezeigt; manche sind z. B. als Sportler Weltmeister geworden.

Dieses Buch kann Sie dabei unterstützen, Ihr Leben in eine für Sie erfolgreiche Richtung zu bringen.

Seit vielen Jahren kenne ich Rosemarie Hofer und habe ihren persönlichen Weg bewundert. Sie hat nie aufgegeben, war immer erfrischend direkt und authentisch. Alles, was sie schreibt, hat sie selbst erlebt, durchlebt und somit erprobt.

Die zentrale Botschaft dieses großartigen Buches steht ganz im Sinne des ersten Grundgesetzes der Lebensentfaltung:

„Nur der Mensch hat die Kraft, bewusst zu denken, zu planen und zu gestalten. Nur er kann sich selbst und damit sein Schicksal und seine Zukunft gezielt beeinflussen."

Das Buch dient Ihnen als wertvoller Wegbegleiter und ist ein Tribut an den Glauben und die Zuversicht – an das unbegrenzte Potenzial, das in jedem Menschen steckt.

Daher sollten Sie sich den Inhalt dieses Buches ohne Zögern und Zaudern erarbeiten. Dann werden auch Sie erleben, dass Ihr Wunsch, Ihre Zukunft erfolgreich in allen Teilaspekten ihres Lebens zu gestalten, immer stärker wird.

Ganz deutlich werden Sie erkennen: Je mehr Sie für sich tun, umso mehr wird auch jeder Mensch in Ihrem Umkreis davon profitieren.

Freuen Sie sich auf die Zeit, die vor Ihnen liegt!

Ihr

Nikolaus B. Enkelmann
† 1.Juni.2017

„Deutschlands wohl erfolgreichster Erfolgstrainer"

(FAZ).

Seine Bücher, Audioprogramme und Seminare zu den Themen Erfolg, Rhetorik und Motivation sind weit über den deutschsprachigen Raum hinaus bekannt.

www.enkelmann.de

Das schwierigste Telefonat meines Lebens

Es ist ca. 15 Uhr, als das Telefon klingelt. Wir sitzen lachend bei Kaffee und Kuchen mit meinen Geschwistern und Freunden – wir feiern den 15. Geburtstag unseres jüngsten Sohnes Andreas. Mein Mann hebt den Hörer ab. Dann macht er ein eigenartiges Gesicht und zieht sich zurück. Ich kann es gar nicht deuten.

Nun gut, ich habe zurzeit sowieso andauernd ein komisches Gefühl – einfach ungut, ich kann es nicht erklären. Warum hat er so ein Gesicht gezogen? Gerade noch fröhlich und jetzt!? Wahrscheinlich wieder etwas in der Firma, da kann es auch bei ihm schon mal einen Stimmungswechsel geben. Aber warum geht er in das Zimmer nebenan, das tut er doch sonst nicht?

Ich wende mich zwar wieder dem Kuchen zu, mache mir aber ein wenig Sorgen. Warum eigentlich, wegen eines Anrufs? Was ist nur mit mir los? Seit ein paar Wochen geht das schon so.

Zwei Wochen war ich mit einer Freundin in unserer Münchner Wohnung. Urlaub machen in der Weltstadt mit Herz. Es war sehr entspannend, wir waren jeden Tag schwimmen, spazieren an der Isar, Rad fahren, herrlich.

Irgendwann habe ich nicht aufgepasst und mir

etwas die Nieren verkühlt. Da sagt man den Kindern immer, sie sollen aufpassen, als Erwachsener tut man es dann selber nicht! Heute geht's auch wieder etwas besser. Aber die Ärztin hat bei der Untersuchung so ein komisches Gesicht gemacht. Sogar einen Abstrich hat sie vorgenommen, reine Routine. Was soll's.

Wo bleibt denn mein Mann? Wir sind doch hier zum Feiern und nicht zum Telefonieren! Die Mitarbeiter in der Firma wissen doch von dem Geburtstag.

Er kommt auf mich zu und sagt leise: „Komm mit." Mensch – wir haben Gäste, kann das denn nicht warten? „Nein." Er zieht mich mit in das Zimmer unseres Sohnes. „Schatz, bitte setz dich, ich muss dir etwas sagen." Ich setze mich hin. Warum schaut er so ernst?

„Am Telefon ist jetzt gerade deine Ärztin. Sie wollte dich informieren – besser gesagt, uns informieren, dass deine Nierenschmerzen nicht von einer Verkühlung stammen. Du musst ganz schnell operiert werden. Sie hat sogar schon einen Termin in der Klinik in Bonn ausgemacht. Übermorgen ist die erste Voruntersuchung vor Ort, am Freitag wirst du bereits dort bleiben und am Montag wirst du operiert."

Was erzählt er mir da? Operation, Klinik? Ich

bin völlig verwirrt. Warum muss man denn bei Nierenschmerzen operiert werden? Das ist doch gar nicht so schlimm. Ich denke, aber ich kann nichts sagen, ich kann es nicht deuten. Ich glaube, da kommt noch was, irgendwas ist noch, was wirklich Schlimmes. Mir gehen tausend Gedanken durch den Kopf, ich fange an zu zittern, fast wie Schüttelfrost. Was kommt denn noch?

„Schatz, ich muss es dir sagen, du hast Krebs. Gebärmutterhalskrebs!"

Mein Mann gibt mir das Telefon in die Hand, damit ich selbst mit meiner Ärztin einige Worte sprechen kann. Ich höre zwar zu, verstehe aber im Grunde nichts. Ich sage mehrfach „ja" und gebe meinem Mann das Telefon. Mir wird schwarz vor Augen, ich zittere am ganzen Körper. Mein Mann nimmt mich in seine Arme. Ich verstehe es nicht, was soll das – Krebs?

Krebs ist was für kranke Menschen, ich bin doch gesund. Woher soll denn der Krebs kommen? „Sterbe ich jetzt, jetzt schon?", schießt es mir durch den Kopf. Meine Zeit ist doch noch nicht gekommen, nein, das kann doch nicht sein, ich will nicht sterben! Die Frau soll nicht so einen Quatsch erzählen, die rufe ich sofort wieder an, ich kann keinen Krebs haben.

Ich fange zu weinen an, ich möchte allein sein

und schicke meinen Mann zurück zu den anderen. Ich muss das erst verkraften. Zum Sterben ist es zu früh, ich will nicht sterben!

Eine Stunde sitze ich draußen vor der Haustür, keiner stört mich. Hat er es den anderen gesagt? Hat er unserem Sohn gesagt, dass seine Mutter bald nicht mehr da sein wird?

Ich starre ins Leere. Meine Nachbarin grüßt mich freundlich, ich reagiere nicht. Warum ich, warum trifft es mich? Habe ich denn nicht schon genug im Leben hinter mich bringen müssen?

Mir fällt auf, dass meine Knie selbst im Sitzen zittern. Die Tür geht auf, mein Mann sieht nach mir. „Ich komme gleich rein, mir geht es gut."

Krebs, wie kommt die nur darauf? Ich gehe zu einem anderen Arzt. Das hat man doch schon so oft gehört, Fehldiagnosen ohne Ende. Genau, eine Fehldiagnose ist das, nichts anderes. Ich muss nicht sterben, die sollen mal besser untersuchen, bevor sie die Leute verrückt machen.

Ich gehe wieder rein und esse ein Stück Kuchen, ja, genau das mache ich jetzt. Ich reiße mich zusammen, setze ein Lächeln auf und gehe ins Esszimmer wo die Stimmung normal erscheint.

Sehr gut, er hat nichts gesagt, warum auch, bei

einer Fehldiagnose. So gut es mir möglich ist, lächele ich, es ist der Geburtstag unseres Sohnes, nicht mein Todestag. Als die Gäste gegangen sind und unser Sohn in seinem Zimmer seine Geschenke auspackt, sitze ich mit meinem Mann auf der Couch.

Ich sterbe – ich weine, aber ich will nicht sterben. Wieder schüttelt es mich durch vor Angst. Mein Glaube vom Nachmittag an eine Fehldiagnose ist vorbei, ich spüre ja schon länger, dass irgendetwas ganz anders ist als jemals zuvor in meinem Leben.

Ich frage meinen Mann, warum ich sterben muss. Er antwortet: „Du stirbst nicht!"

Ich glaube ihm nicht, oder soll ich? Innerhalb von Sekunden wechseln alle möglichen Gefühle wie Angst, Hoffnung, Traurigkeit, Mut, Verzweiflung, Kampfeswille und schlagen förmlich auf mich ein. Ich weiß nur eins genau – ich will nicht sterben!

Unser Sohn Matthias kommt nach Hause, er sieht mich an und merkt, hier stimmt was nicht. Ich fange wieder an zu weinen, während mein Mann ihm erklärt, was die Ärztin gesagt hat. Matthias geht wortlos in sein Zimmer.

Ich denke nur daran, wie es ihm jetzt geht. Was

wird, wenn er seine Mutter verliert. Wie wird er damit umgehen? Ich fange wieder an zu weinen.

Die Nacht ist sehr unruhig, ich kann kaum schlafen und weine immer wieder in den Armen meines Mannes, bis ich irgendwann doch vor Erschöpfung einschlafe.

Am nächsten Morgen, ich bin wenig erholt, begrüßt mein Mann mich mit einem wundervollen Frühstück. Er hat gerade noch Andreas zum Zug nach Limburg gebracht und in der Bahnhofsbuchhandlung bereits erste Bücher zum Thema Krebs gekauft und teilweise gelesen. Er hält sich selten mit Problemen auf, er möchte sie lösen, so auch hier.

Andreas' Name für seinen Vater ist Erklärbär, eine ziemlich zutreffende Beschreibung. So auch jetzt. Mein Mann erzählt mir schnell einiges über die Krankheit.

„Krebs ist erst einmal nur eine Körperzelle, eben eine Krebszelle bzw. in deinem Fall eine ganze Vielzahl von Krebszellen. Grundsätzlich sind sie in ihrem normalen Zustand nicht gefährlich, problematisch wird es erst, wenn sie sich ausbreiten. So wie wir, wissen die wenigsten Menschen, dass wir alle Krebszellen in uns tragen. Normalerweise bemerkt der Körper frühzeitig eine solche Vermehrung und geht dagegen vor, um die Zellen unschädlich zu machen. Zuerst sind Krebszellen einfache Zellen, die jedoch die Eigenschaft entwickeln können, richtig bösartig zu werden.

Man kann die Krebszelle mit einem geschickten und charismatischen Verbrecher vergleichen. Zunächst tut er so, als wäre alles gut, jedoch entwickelt er im Hintergrund bereits die ersten bösen Pläne dich zu schädigen. Nach und nach schafft er es auch, andere Zellen durch sein Charisma zu beeinflussen, die dann bei seinem Plan mitmachen. Erst dann schlägt er mit allen seinen Mitstreitern zu. Sie greifen im Körper alles an was ihnen möglich ist. Natürlich gibt es auch eine körpereigene Polizei, deren Aufgabe es ist, die Krebszellen zu erwischen.

Leider kann es sein, dass sie zeitweise unterbesetzt ist, dein Immunsystem, also deine Organisation, geschwächt ist und daher nicht alle Verbrecher, also Krebszellen, zu fassen kriegt.

Ähnlich wie im Fernsehen gibt es clevere Verbrecher die sich immer wieder der Verhaftung entziehen und woanders im Körper ihre Chance suchen, wo sie allerdings auch wieder bekämpft werden."

„Warum erzählst du mir das?", frage ich bereits wieder weinend. „Warum?", antwortet mein Mann.

„Ich möchte dir erklären, dass der Befund Krebs kein One-Way-Ticket in den Tod ist. Krebs ist wider Erwarten nicht automatisch ein Todesurteil. Es gibt immer die Chance, ihn zu besiegen! Laut meinen Recherchen gibt es keine einzige bekannte Krebsart auf der Welt, die automatisch und mit 100%iger Sicherheit ein Todesurteil darstellt. Das bedeutet, es gibt auf alle Fälle Hoffnung auf Heilung, egal wie groß sie ist."

Wie immer ist mein Mann sehr überzeugend, und ich schöpfe wieder Mut. Er hat bereits am Morgen mit meiner Ärztin telefoniert und für den Nachmittag einen Termin vereinbart.

Konsequenzen

Wiederum bleibe ich fast die ganze Nacht wach. Ich überlege mir die Konsequenzen. Inzwischen ist mir klar geworden, es wird große Einschnitte in meinem Leben und in dem meiner Familie geben.

Wieder geht mir alles durch den Kopf, vom Sterben bis hin zum „Tut uns leid, wir haben uns vertan".

Unabhängig davon überlege ich auch, wie denn die nächste, noch lebendige Zukunft aussehen wird. Was ist mit unseren Söhnen, werden sie klar kommen? Was ist mit meinem Mann, wie wird er damit umgehen? Was ist mit meinen Geschwistern? Was wird aus der Firma, wenn ich nicht mehr da bin? Es gab noch einige Fragen mehr, nur kann ich mich, nein – will ich mich gar nicht mehr daran erinnern!

Die erste Konsequenz – und ich verstand zunächst nicht, warum ich nicht sofort darauf gekommen war – was ist mit mir?

Wie komme ich damit klar? Was werden sie bei der nächsten Untersuchung noch alles finden? Wie geht die Operation denn für mich aus?

Was passiert mit mir, meinem Denken, meinem Fühlen, meiner Weiblichkeit, meiner Körperlichkeit – was werde ich überhaupt noch in meinem Leben schaffen können?

Auch dabei muss ich wieder weinen. Mit verheulten Augen sehe ich aus dem Fenster unseres Schlafzimmers. Was ich in dieser Nacht sehe – Sterne, so hell und strahlend, ich empfinde so etwas wie Hoffnung. Warum sonst sollte die Nacht gerade jetzt so schön, strahlend und hoffnungsvoll aussehen?

Nach einiger Zeit lege ich mich wieder hin und bemerke, dass mein Mann wach ist und anscheinend die ganze Zeit zu mir und nach draußen gesehen hat.

Er sagt: „Schau, wie die Sterne leuchten! Das ist ein gutes Zeichen, in allen Epochen und bei allen Völkern. Du wirst nicht sterben, und du wirst alles schaffen. Konzentrier dich nur auf dein Leben, vergiss den Rest, darum werden sich deine Männer kümmern. Ich weiß, dass du dir um alles Mögliche Sorgen machst, aber diesmal bitte ich dich, kümmere dich um nichts anderes als um dich."

Mit diesen Worten schlafe ich ein.

Ich träume von Bäumen und einem Balkon, ich sehe mich tanzen – ich denke heute noch, dass ich wahrscheinlich im Schlaf gelächelt habe.

Die Operation

Nun stand ich also hier, in meinem Zimmer für die nächsten Wochen. Das Personal der Klinik ging sehr freundlich und positiv mit mir um, auch wenn naturgemäß die Formalitäten sehr sachlich abgearbeitet wurden.

Man erklärte mir den gesamten Ablauf der Operation. Sie würde um ca. 10 Uhr beginnen, und man ging davon aus, dass sie gegen 12 Uhr beendet sei. Danach käme ich in den Aufwachraum und mein Mann dürfe mich kurz sehen, in der Folgezeit würde ich erst einmal sehr viel Ruhe benötigen.

Ich zog den Vorhang beiseite, und zu meinem Erstaunen sah ich einen Balkon mit einer Treppe, die einen Zugang zur Rasenfläche direkt vor meinem Zimmer ermöglichte. Dort standen drei Bäume. Ich begann zu lächeln, und immer stärker wurde mein Wille zu leben – ich wollte leben, egal was passieren würde – ich war mir sicher, ich würde es überleben.

Am nächsten Tag erschien mein Mann pünktlich um 8 Uhr morgens bevor es in den OP ging. Er fand beruhigende Worte, er war witzig, über die OP sprachen wir kaum.

Ich erzählte ihm von einer Dame, die am Vortag als Patientin mit der gleichen Diagnose wie ich eingeliefert worden war. Sie hatte ein paar Verwandte dabei, die ihr unablässig sagten, sie sollte ja wieder gesund werden, wegen der Kinder, wegen ihres Mannes.

Sie erzählten ihr, dass es natürlich einige Menschen nicht schafften, aber sie sei doch eine starke Person. Ich hörte ungern zu und konzentrierte mich auf – mich, denn das Gehörte machte mir Angst.

Es dauerte nicht mehr lange und die Schwester kam herein. Mein Mann versprach mir, draußen zu warten und auf alle Fälle da zu sein, wenn ich wieder aufwachte. Mittlerweile war ich sehr unkonzentriert, ich sah die Infusionsflasche – mir fielen die Augen zu. Im Nachhinein habe ich oft das Gefühl, mich an einen kreidebleichen, ausgemergelten Mann erinnern zu können, der mich kurz ansah, mit mir sprach und dessen Stimme zwar sehr vertraut, aber auch brüchig erschien.

Ich schlief wieder ein. Bei meiner Operation mussten die Gebärmutter, die Eierstöcke und auch eine stattliche Anzahl an Lymphknoten entfernt werden, da sich der Tumor bereits relativ weit ausgedehnt hatte.

Bei einer solchen Krebs-Operation versuchen die Ärzte einen möglichst großen Anteil der Scheide zu erhalten und auch die Nerven im Bauch zu schonen. Die Langzeitfolgen dieser Art von Operation sind unterschiedlich, da es sich um innere Narben und Verwachsungen handelt, die Funktionen auch von benachbarten Organen beeinflussen können.

Auch kann es zu Nervenschäden kommen, die sich auf die Funktionsweise von Darm und Blase erstrecken. Geschlechtsverkehr wird für operierte Frauen zumindest schwieriger, manchmal eingeschränkt oder gar nicht mehr möglich sein. Je nachdem, wie viel bei der Operation von der Scheide gerettet werden konnte.

Mein Tipp an mich deshalb jeden Tag: Rosemarie – trinken, trinken, trinken! Ich gehe zwar nicht gerne zur Toilette aber ich weiß, dass bei Schwierigkeiten mit der Blasenentleerung auch das Infektionsrisiko steigt.

Die Tage nach der OP

Als ich wieder in meinem Zimmer aufwachte, sah ich zuerst aus dem Fenster, sah das Balkongeländer und die drei Bäume.

Ich wollte mich etwas mehr drehen, aber der plötzliche Schmerz war so stark, dass ich nicht wusste, wo er begonnen hatte und wo er aufhörte. Es war ein Stechen – überall!

Die Schwester kam herein und fragte mich, ob es mir gut ginge. Meine Gedanken dazu kann ich hier nicht beschreiben, das wäre nicht jugendfrei!

Es dauerte nicht lange, und mein Mann kam herein und setzte sich zu mir. Er sagte nur, ich liebe dich. Er lächelte und schaute mich an. Auch ich war froh, trotz aller Schmerzen, ihn zu sehen. Wir redeten nicht viel, nein, wir sahen beide hinaus zu den Bäumen, die Sonne schien. Einzelne Sonnenstrahlen schimmerten durch das Geäst, es erinnerte wieder etwas an die sternenklare Nacht, die uns als gutes Zeichen erschienen war.

Die nächsten Tage waren eine Qual, denn „sie haben wohl etwas mehr aufgeschnitten als ursprünglich angekündigt", dachte ich!

Einige Tage nach der OP wurde ich von den Ärzten aufgeklärt, dass man tatsächlich etwas mehr habe entfernen müssen. Klar geworden war dies erst im Verlauf der Operation.

Mein Mann erzählte mir ein paar Tage später, wie er die Operation wahrgenommen hatte. Er hatte sich wie vereinbart um 10 Uhr in den Besucherraum begeben, mit einem Buch und viel Optimismus, wie er sagte.

Um 12 Uhr fragte er erstmals im Schwesternzimmer nach dem Stand der OP. Man sagte ihm, dass es noch etwas dauern würde, sie würden ihm Bescheid geben.

Um 13 Uhr wurde er dann doch etwas unruhig und fragte erneut nach, mit dem gleichen Ergebnis.

Dieser Vorgang wiederholte sich, wie ich heute weiß, um 14 Uhr, um 15 Uhr, um 16 Uhr und um 17 Uhr, bis um 18 Uhr eine andere Schwester sagte, dass die OP etwas komplizierter verliefe und sie sofort Bescheid geben würde, wenn er mich im Aufwachraum kurz besuchen könne.

Ich weiß heute, dass sein ursprünglich unerschrockener Optimismus doch stark gelitten hat.

Kurz nach 19 Uhr durfte er mich dann für einige

Minuten sehen, wie er sich ausdrückte, versteckt unter gefühlten hunderten von Kabeln und Schläuchen.

Für mich als zweifache Mutter waren ja Bauchschmerzen nicht wirklich etwas Neues, aber für eine Frau, die wegen ihrer OP fast eine Woche nicht auf die Toilette gehen konnte, kam mir der Gedanke an einen schnellen schmerzfreien Tod schon fast erlösend vor. Klein in das Säckchen, das an der Seite meines Bettes hing, war ja noch ok, aber das sogenannte „große Geschäft" erwartete mich.

Als ich nach einem ersten Stuhlgang und einige Tage später sogar einer kurzen Dusche wieder das Gefühl von Normalität bekam, begann ich etwas intensiver über mein Leben – weniger über den Tod – nachzudenken. Auch wenn ich bereits am zweiten Tag meiner Nach-OP-Leidenszeit begonnen hatte, täglich in eine Kladde (Schreibheft mit einem festen Einband) einen immer wiederkehrenden Satz zu schreiben: „Ich bin gesund!", wurde es doch erst wirklich glaubhaft für mich, als sich die einfachen Dinge des Lebens wieder als normal und machbar herausstellten.

Ein paar Tage später begann ich meinen ersten

„Spaziergang" im Gang unserer Abteilung. Am Ende dieses Ganges befand sich eine kleine Sitzecke die mein erstes Ziel war.

Es schmerzte, obwohl nur ein paar Meter weit weg. Sitzen konnte ich auch noch nicht richtig, daher stützte ich mich kurz an der Wand neben einem kleinen Tisch ab. Mein Blick ging, aus welchen Gründen auch immer, genau zu diesem Tisch und zu der Zeitschrift, die dort offen lag.

Ich sah sie mir genauer an, es handelte sich um einen Bericht von einem Autorennen, was mich nie sonderlich interessiert hatte. In der Überschrift stand zu lesen, dass zwei Rennfahrer am Wochenende einen Doppelsieg herausgefahren hatten, jeweils mit einem Auto des gleichen Fabrikats.

„Was für ein unwichtiger Quatsch!", dachte ich im ersten Augenblick – was eventuell in meiner Situation verständlich erscheint. Ich ging langsam und vorsichtig zurück in mein Zimmer, das Bild mit den zwei rot gekleideten Rennfahrern und ihren roten Rennwagen brannte sich immer mehr in mein Denken ein.

Zwei Sieger, zwei rote Siegerfahrzeuge – sie hatten gesiegt, in rot! Es ging mir nicht mehr aus dem Kopf.

Im Zimmer angekommen ging ich an meinen Schrank und schaute hinein. Was ich zuerst sah, war die weiße Bluse, die ich bei meinem Eintreffen in der Klinik angehabt hatte. Ich zog sie vom Kleiderbügel und steckte sie in den Mülleimer neben dem Schrank. Ich sah mir die anderen Shirts und Blusen an, die dort fein säuberlich gestapelt lagen, nahm ein Teil nach dem anderen heraus und steckte es in den Mülleimer. Fast apathisch nahm ich auch sämtliche Hosen und Socken, die Unterwäsche – einfach alles was ich vorher am Leib getragen hatte – aus dem Schrank und verstaute es irgendwie, mittlerweile auf dem Mülleimer, rein ging nichts mehr.

Heute erkläre ich es mir so, dass ich die Begleiter meiner Krankheit in Form von Bekleidung nicht mehr sehen wollte. Ich legte mich wieder auf mein Bett. Als die Schwester kam, meinte sie mich beruhigen zu müssen, aber sie fand mich äußerst ruhig vor, ich war sogar recht gut gelaunt. Sie wollte die Sachen wieder aufräumen, aber ich sagte ihr, es hätte alles so seine Richtigkeit. Sie sah mich an und ging.

Kurz darauf betrat mein Mann das Zimmer und sah mich lächeln. Er freute sich sichtlich, denn es war das erste Mal seit der Operation.

Er sah sich um und sah natürlich auch den Mülleimer mit seiner neuen Ladung. Er betrachtete ihn lange und überlegte, drehte sich um und sah mich an. „Muss ich irgendetwas wissen?", fragte er.

Ich antwortete mit einem langgezogenen „Jaaa! Ich habe nichts anzuziehen und brauche lauter neue, rote Sachen – knallrot – ferrarirot, denn ich bin ein Sieger!"

Er schaute verdutzt. Ich lachte! Für mich war Rot plötzlich die Farbe des Sieges. Es war für mich die Farbe des Sieges über die Krankheit. Blut hatte ich meiner Meinung nach genug dafür gestiftet.

Wieder daheim

Es dauerte noch einige Monate, bis ich mit der Chemotherapie und der Bestrahlung beginnen konnte. Die OP war zu schwer gewesen, und die Narben heilten nicht so schnell wie ursprünglich prognostiziert.

Es war mir zu dem Zeitpunkt jedoch egal, denn ich war so froh, den ersten Schritt aus meiner Sicht geschafft zu haben: mein Zuhause wieder zu sehen.

Ich konnte mich auf meine Couch legen oder in mein Bett, ich stand in meiner Küche und trank aus meinen Gläsern!

Für mich war es wie ein Traum, wenn auch immer noch einer mit Schmerzen und Problemen beim Liegen, Sitzen, Stehen und Gehen. Ich ging zwar noch nicht wieder nach draußen und hielt mich noch meist im Wohnzimmer auf, aber ich fühlte mich wohl, ich fühlte mich sicher, ich empfand eine gewisse Erleichterung, nein – besser Genugtuung, noch am Leben zu sein. Zu Hause sein, vertraute Dinge sehen, Neues in Gewohntem entdecken, es war eine spannende Reise.

In dieser neuen Situation sah ich alles im Haus, drumherum, das Dorf, im Grunde alles mit anderen Augen. Da ich wusste, dass sich daran nichts geändert hatte, musste ich es sein, die sich verändert hatte.

Allerdings war das für eine gewisse Zeit auch das Einzige, was ich mitnahm aus dieser Situation. Im Nachhinein erkenne ich die schrittweise Entwicklung. Da ich nun Zeit und manchmal etwas Langeweile hatte, schaute ich in die Schränke, die Schubladen, als ob ich neu wäre, einfach um zu erkunden, was sich dort alles befand – ich nahm Gegenstände in die Hand, die ich seit Jahren nicht mehr berührt hatte. Ich nahm alles anders wahr!

War vorher eine Figur aus Porzellan einfach nur ein mehr oder weniger ästhetisches Accessoire, berührte ich es nun mit meinen Fingern genauer – jede Rille, jede Falte. Ich begann die Figur sogar körperlich zu spüren.

Auch ein Drehknauf an unserer Vitrine war nun das reinste Wunderwerk der Technik, denn ich hatte mir vorher nie Gedanken darum gemacht, wie so etwas funktioniert, ich hatte es einfach hingenommen. Viele solcher Dinge passierten mir nun jeden Tag. Heute kann ich es ruhig sagen: Es war faszinierend zu erleben.

Veränderungen

Ich haben mein Leben lang die Menschen bewundert, die wissen, was sie tun, warum sie es tun und was sie einmal werden würden. Ich selbst erkannte nun, dass ich im Grunde genommen nie wirklich gewusst habe was, wieso und warum. Erst jetzt begann ich darüber nachzudenken.

Mir wurde bewusst, dass das meiste auf Zufall beruhte – oder was man so als Zufall ansieht.

„Zufall ist vielleicht das Pseudonym Gottes, wenn er nicht unterschreiben will."

Anatole France

Dass ich Fotografin wurde, war so ein Zufall. Ich war 14 Jahre jung, als mich mein Vater nach den Hausaufgaben aufforderte, mich ordentlich anzuziehen, da wir gleich nach Westerburg fahren würden, denn dort wäre eine Ausbildungsstelle zu vergeben. Nun, als jüngste von vier Geschwistern war ich es in unserer Familie gewohnt zuzuhören und auszuführen, was mir gesagt wurde.

So fuhren wir also nach Westerburg zum ortsansässigen Fotografen, der eine Lehrstelle als Fotolaborantin zu vergeben hatte.

Nach einem längeren Gespräch mit meinem Vater und einem eher kurzen mit mir war man sich einig. Ich konnte die Lehrstelle Anfang August antreten – ich hatte keine Ahnung, worum es sich dabei überhaupt handelte.

Zum Glück meinte es der Zufall gut mit mir, denn ich hatte sehr schnell herausgefunden, dass es mir extrem viel Freude bereitete, die Bilder zu entwickeln. Deshalb begann ich auch direkt nach meiner Laborantenprüfung eine weitere Ausbildung, die zur Fotografin, was ich nun seit einigen Jahrzehnten voller Leidenschaft bin.

Ja, erst jetzt begann ich mir Gedanken zu machen über meine eigenen Ziele und Visionen.

In der Vergangenheit hatte ich nicht wirklich welche gehabt. Konnte ich sie denn in der Zukunft finden und haben?

Im echten Leben gibt es zwar Schalter zum Aus- und Einschalten von Geräten, aber mein Kopf war kein solches Gerät, das konnte ich leider nicht mit einem Schalter aus- und einschalten.

Wenn man etwas verändern möchte, muss man

lernen, verändert zu denken, neue Dinge zu denken. Ziele und Visionen sind nicht einfach da, man muss sie sich erarbeiten. Manchmal geht das schnell, manchmal aber eben auch sehr langsam.

Ich musste erst mal verstehen, dass es dieses neue, veränderte Denken braucht, musste es akzeptieren und auch erlernen, was zumindest in meinem Fall nicht ruckzuck ging, sondern schleppend, sehr schleppend. Heute würde ich sagen, es entwickelte sich langsam.

Drei sehr prägende Beispiele möchte ich hier beschreiben:

Ich habe jahrzehntelang geglaubt, dass ich lieber hinter der Kamera stehe, da ich mich dort wohlfühle, aber auch, weil ich mich nicht als besonders fotogen empfand. Heute dagegen sage ich voller Überzeugung: Es gibt keine unfotogenen Menschen, höchstens schlecht zu fotografierende oder solche, zu denen der Fotograf nicht passt. Mein Weg hin zu einem Ü50 Fotomodell entwickelte sich schrittweise – so kann es auch gehen.

Ein anderes Beispiel ist meine Kunst. Obwohl mein Mann mir immer wieder zugeraten hatte, mehr aus meiner Kunst zu machen, sie auch öffentlich zu zeigen, hatte ich dennoch geglaubt, es würde eh niemals jemanden interessieren, was ich so Kunst nenne. Ich fand es eher peinlich und blieb bei meinen Portraits. Da wusste ich, woran ich war – ordentliche Bilder von Menschen!

Während all meiner Erlebnisse und Entwicklungen bis heute gab es ein Schlüsselerlebnis: Der Tag, an dem ich wieder etwas riechen konnte!

Ich ging an einer Rose vorbei, probierte, ob ich den Duft riechen konnte, und es klappte – nicht sehr stark, aber ich konnte etwas riechen, es war wie eine Explosion im Kopf. Ich fotografierte diese Rose und ging nach Hause, um ein Bild zu kreieren, welches diese Gefühle ausdrückte.

Daraus entstand meine zweite öffentliche Ausstellung, die Flower Explosion Serie! Die erste Ausstellung war Cube Flower, in der ich meine Vorstellung davon ausdrückte, dass das Leben aus vielen kleinen Teilen und in diesem Fall aus vielen kleinen Würfeln bestand.

Und das dritte prägende Ereignis: Ich hatte in meinem ganzen Leben niemals daran gedacht, sogar Buchautorin zu werden. So wie es aussieht, wird das Buch, das Sie gerade in den Händen halten, nicht mein letztes sein!

Insgesamt haben mich die letzten Jahre gelehrt, freier zu denken.

Das tue ich noch lange nicht so wie mein Mann, aber immerhin schon so weit, dass ich oftmals als „unrealistisch" denkend bezeichnet worden bin – ein wunderbares Lob!

Chemotherapie und Bestrahlung

Ende November war es dann so weit, die Untersuchungstermine für die Chemotherapie und die Bestrahlungen wurden festgelegt. Wie zuvor bei der OP ging auch bei diesen Terminierungen alles schnell und reibungslos vonstatten.

Man legte mir und meinem Mann nahe, vorher bereits eine Perücke zu kaufen, denn erfahrungsgemäß würden nach dem soundsovielten Termin die Haare ausfallen, und gerade Frauen würden – auch wieder erfahrungsgemäß – besonders darunter leiden.

Nun war ich mir jedoch sicher, dass ich keine brauchte, und so musste mein Mann mich mehr oder weniger in ein Geschäft schleppen, anders kann man es wohl kaum ausdrücken.

Er fragte mich immer wieder, warum ich denn keine Perücke wolle, es wäre doch nur eine Vorsichtsmaßnahme, man sei dann zumindest vorbereitet. Wie auch dem Arzt vorher erklärte ich meinem Mann in ruhigen, aber bestimmten Worten:

„Die brauche ich nicht, da ich beschlossen habe, dass meine Haare auf dem Kopf bleiben!

Ich weiß, dass ich krank war und jetzt wieder gesund bin. Eine Glatze würde mich nur an eine Krankheit erinnern!"

Gekauft hat er die Perücke trotzdem, mit Reinigungsmitteln und allem möglichen Schnickschnack. Die Tasche steht heute noch unangetastet bei uns im Keller, denn mir fielen sehr viele Haare aus, an allen möglichen Stellen, aber die auf dem Kopf – nicht!

Sehr viele der Medikamente für die Chemotherapie wirken sich auf schnell wachsende und sich häufig teilende Körperzellen aus. Zu diesen Zellen gehören auch die sogenannten Haarwurzelzellen, weswegen manchen, jedoch nicht allen Betroffenen die Haare ausfallen. Oft hängt es von der Art des Medikaments, von dessen Dosis und auch von der persönlichen Einstellung ab.

Das Gleiche gilt auch für Augenbrauen, Wimpern und die Körperbehaarung im Allgemeinen.

Knapp wurde es nochmal kurz vor meinem fünfzigsten Geburtstag. Während der Therapien stellten die Ärzte fest, dass eine meiner Nieren bedingt durch die Bestrahlung verkümmerte, nicht mehr weiter funktionierte.

Man glaubte, eine Operation wäre noch vor Weihnachten notwendig, und so wurde zwar meine Geburtstagsfeier gestrichen, mein Wille, alles zu überleben jedoch gestärkt – die Niere wurde im Übrigen doch nicht operativ entfernt.

Es gibt Zellgifte (Zytostatika), die durchaus die Ausbreitung des Gebärmutterhalskrebses stoppen können, jedoch wird von vielen Medizinern je nach Ausbreitung die eine oder andere Operationsform und/oder die Kombination von Chemotherapie und Bestrahlung empfohlen.

Eine Chemotherapie alleine wird eher selten empfohlen, es sei denn, es gibt schwerwiegende Gründe dafür oder die Metastasen haben sich bereits im gesamten Bauchraum ausgebreitet.

Die Chemotherapie wirkt sich im gesamten Körper aus, daher kommt diese Therapieform in einem solchen Fall, jedoch auch bei Rückfällen infrage. Da Krebszellen im Gegensatz zu normalen Gewebezellen ihre Wachstumskontrolle verloren haben, sind sie durch die Strahlentherapie besonders angreifbar.

Eine reine Strahlentherapie wird meist nur den Frauen verordnet, die eine Kombination aus Chemotherapie und Bestrahlungstherapie nicht vertragen bzw. die keine so umfangreiche Operation wagen.

Rehabilitation in Prien am Chiemsee

Ende Januar, es war zwar eiskalt, aber auch wunderschön, denn aus meinem Fenster konnte ich nun morgens auf den Chiemsee schauen.

Ich sah Kinder auf dem Weg zur Schule, Erwachsene auf dem Weg zur Arbeit, zum Einkaufen, mit dem Hund Gassi gehen. Draußen war alles voller Leben, man konnte es sogar sehen, mit jedem Atemzug.

In den nächsten Wochen sollte nun Prien am Chiemsee mein Zuhause sein. Das Zimmer war einfach, sauber und wieder einmal mit Balkon. Wenn ich hinunterblickte, sah ich auf eine Gruppe blattloser, verschneiter Bäume.

In den ersten Tagen war alles fremd, ich war traurig. Allerdings genoss ich auch die Ruhe und ging jeden Tag am See spazieren. Es ging nie sehr weit, denn die Chemotherapie hatte mich ziemlich mitgenommen und geschwächt.

Auch die Bestrahlungen waren nicht spurlos an mir vorübergegangen. Ich lernte viele Frauen und Männer kennen, in jedem Alter, mit verschiedenen Krankheitsbildern. Bis dahin hatte ich noch nicht einmal geahnt, wie viele Krebsarten es gibt!

Einfach erschreckend, vor allem bei den Menschen, die sich im sogenannten Endstadium befanden. Außer zu den Essenszeiten war ich am liebsten für mich allein. Ich wollte die Zeit nutzen, um über mich, mein Leben und diese Krankheit nachzudenken.

Mit Beginn der Chemotherapie hatte ich immer öfter Probleme mit dem Gleichgewicht und war daher nur noch sehr wenig draußen gewesen. Auch hatte ich immer mehr Probleme beim Denken und Handeln - und ja wirklich - ich hatte das Gefühl zu verblöden. Jeder Handgriff, jedes ursprünglich bekannte Vorgehen war wie weggeblasen. Bei Unterhaltungen wiederholte ich mich oder verzettelte mich in Nebensächlichkeiten, ich selbst kam mir immer wieder etwas wirr vor.

Wenn ich ein Buch lesen wollte, gelangen mir höchstens zwei kurze Seiten, bevor die Konzentration wegbrach. Alles in allem war es erschreckend, eigenartig und gespenstisch zugleich. Ich hatte nun das Gefühl, meine Krankheit sei so eine Art Reset-Knopf. Erst auf null runterfahren, dann alles neu erlernen – aber warum?

Genau das wollte ich in meinen einsamen Stunden am See herausfinden.

Meine Gedanken zu Heilung und Krankheit

Meine ersten Gedanken des Tages kreisten grundsätzlich um meine Gesundheit. Wie bereits im Krankenhaus begonnen, schrieb ich auch hier in der Rehaklinik jeden Tag in meine Kladde den für mich so wichtigen Satz „Ich bin gesund"!

Jedoch entwickelte sich mit den Tagen am See auch eine besondere Einstellung, die mich zuerst verwunderte: Mir kam immer öfter der Gedanke „Sei dankbar für die Krankheit, denn jetzt kannst du noch einmal bewusst dein Leben neu ordnen, neu leben und neu erleben!"

Ein neuer Satz gesellte sich in meine Kladde: „Ich bin dankbar für diese meine Krankheit."

Beim Lesen fand ich es paradox, denn ich hatte ja immer noch große Angst, doch sterben zu müssen. Dennoch fühlte ich diese Dankbarkeit.

Mit dem Gedanken der Dankbarkeit änderte sich fast täglich etwas, vor allem, dass ich in Gesprächen nun nicht mehr von meiner Krebskrankheit sprach, sondern nur noch von der aktuellen Abwesenheit meiner Gesundheit.

Ich nahm mir vor, meine Gedanken neu zu formulieren, denn vielleicht war ja ein Grund für mein wirres Sprechen, dass ich endlich neue Sprachmuster erlernen sollte und nicht wieder die alten übernahm und nutzte.

Mir kam der Gedanke, dass mein Sprechen ja auch Ausdruck meines Denkens war. Ich hatte in den zurückliegenden Jahren immer wieder mal, wie jeder Mensch, mit Rückschlägen zu kämpfen gehabt, sei es in einer nicht funktionierenden Partnerschaft oder später durch das ewige Auf und Ab, das die Selbstständigkeit mit sich bringt.

Dieses Mal war es jedoch kein Liebeskummer oder der Kampf um Umsätze, nein, es war mein Leben. Eine neue Liebe finden, das ist möglich, Geld in einem anderen Job zu verdienen, auch nicht das Schlimmste, aber man hat nur dieses eine Leben.

Warum eigentlich immer diese Rückschläge? Wozu sollen die gut sein?

Mit der Zeit hatte ich immer öfter den Gedanken, dass Rückschläge deshalb zum Leben gehören, damit wir die guten Seiten, die glücklichen Momente auch erkennen und genießen können. Rückschläge prägen das Leben eines jeden Menschen.

Für Hirnforscher gibt es nicht so sehr ein krank oder gesund, sondern eine Phase, in der die Rahmenbedingungen für die Selbstorganisationsprozesse ungünstig sind und andere Phasen, in denen die Bedingungen günstig sind.

Allerdings gibt es für die ungünstigen Phasen nicht immer kurzfristige, sondern oftmals nur langfristige Lösungen. Die Kunst zum Beispiel der Ärzte ist es nun herauszufinden, welche langfristige Lösung angebracht und notwendig ist.

Damit ist der Arzt also weniger Behandler als vielmehr Lenker. Klar ist allerdings auch: Wenn er Lenker sein soll, dann soll er dein Leben lenken. Jeder muss natürlich sein eigenes Leben lenken. Ich kann und darf gar nicht zulassen, dass jemand anderes das tut. Außerdem kann und darf ich diese Verantwortung auch niemand anderem überlassen, ich würde ihn damit überfordern.

Das bedeutet, ich muss mein Leben selbst lenken. Es bedeutet aber auch, ich muss selbst für bessere Rahmenbedingungen für meine innere Selbstorganisation, also für meine Heilung sorgen.

Heilung kann logischerweise schwerlich durch negative Rahmenbedingungen funktionieren, sondern braucht natürlich positive Rahmenbedingungen.

Für mich heißt das schlicht und einfach: Ich muss dafür sorgen, dass meine Rahmenbedingungen, mein Umfeld, meine geistige wie körperliche Nahrung gut und positiv sind. Mit einem negativ denkenden und redenden Umfeld, mit negativen Erlebnissen durch Berichte in Tageszeitungen, durch das Fernsehen, das Internet usw. sowie durch chemisch hergestellte Nahrung werden meine Rahmenbedingungen auf keinen Fall besser.

Also halte dich von Menschen fern, die nur oder viel Negatives erzählen. Lies keine Artikel, die Mord, Totschlag, Krankheit, Seuchen und vieles mehr beschreiben. Sieh dir schöne Dinge an, höre angenehme, wohlklingende Musik. Lies spannende, ablenkende, lustige Bücher und Geschichten mit Happy End. Iss frisch zubereitete Speisen, lass die Tütenprodukte weg. Trink Tee statt Cola, Wasser anstelle von Limonade, Bohnenkaffee anstelle von Pulverkaffee usw.

Meine fünf Sinne als Problem

Da ich im Grunde überall Ausfallerscheinungen hatte (vier meiner fünf Sinne waren echte Ausfälle und nur einer, der Hörsinn, versuchte anscheinend einiges zu kompensieren), war ein normales Schmecken, Riechen, Sehen und Tasten kaum oder gar nicht möglich.

Meine Finger, die Hände, alles war aufgedunsen durch die Medikamente. Meine Narben innen wie außen schmerzten, ob wegen der Kälte, der Operationsfolgen oder wegen der Angst – völlig egal. Schon etwas anzufassen war eine echte Herausforderung.

Gerade meine Hände und Arme spürte ich besonders, vor allem, wenn es windig war. Der kalte Wind auf meiner Haut brannte wie Feuer, und manchmal dachte ich: „So eine Scheiße, du kannst kaum etwas fühlen, aber das, was du fühlst, brennt wie Zunder!"

Je nach Art des Stoffes brannte auch der auf meiner Haut. Also begann ich auch dort vieles zu verändern, weg von künstlichen Stoffen, hin zu natürlichen. Heute kann ich zur Not auch Mischgewebe tragen, was ich jedoch eher ungern tue.

Selbst beim Schmuck gab es so eine Art allergische Reaktion, denn Plastik- und Modeschmuck waren von meiner Haut auch nicht mehr erwünscht.

Leder und Edelmetalle stellten kein Problem dar, auch das muss man seinem Ehemann erst einmal schonend beibringen!

Jeden Tag neu erlernen

Ich begann nun also jeden Tag als den zu sehen, der mir helfen würde, mein Leben neu zu erfahren, zu erlernen. Nachdem die meisten mir vorher bekannten Dinge nicht mehr so funktionierten wie früher, konzentrierte ich mich halt auf mein Denken, meine Ausdrucksweise und auf die Art, wie ich mich anschließend fühlte.

Man mag es sich kaum vorstellen, aber ich ging wirklich wie ein altes Mütterchen langsamen Schrittes und vorsichtig bis zum See, hörte dabei den Schnee unter meinen Schuhen knirschen und setzte mich auf eine Bank. Ich sah auf den See hinaus und versuchte, den Wind zu spüren, auch wenn ich das Gefühl hatte, er würde nur Verbrennungen in meinem Gesicht verursachen.

Ich sah mir die vorüberziehenden Wolken an und stellte mir vor, mit ihnen zu reisen – einfach so, ohne zu planen, ohne mit irgendwem den Urlaub abzusprechen, ohne an irgendwelche Termine zu denken. Irgendwann stand ich auf, um wieder über den knirschenden Schnee zu gehen.

Ich mochte das Geräusch, denn es war nicht einfach nur ein Geräusch, sondern eine Folge von verschiedenen Geräuschen.

Ich musste oft lachen, wenn ich über mich und mein Schneegeräusch nachdachte. Auch heute freue ich mich immer wieder darauf.

Sobald es schneit, setzt die Vorfreude ein: auf die Spuren, die ich im Schnee hinterlasse, auf knirschende Geräusche, auf die kleinen Schneeflocken in meinem Gesicht – es fühlt sich an wie Leben.

Die Sinne reaktivieren

Was mir vorher niemand gesagt hatte: Manche Chemotherapien können bei den Patienten Gehirnschäden, vorübergehende wie auch bleibende, verursachen. Wir reden über den Zustand der Beeinträchtigung der Sinne bis hin zur Demenz.

Zumindest jetzt weiß ich, dass ich mit meinen Problemen nicht allein bin und war, denn laut einer Studie haben z. B. ca. 50% aller Brustkrebspatientinnen auch noch ein Jahr nach der Therapie Probleme mit ihren kognitiven Fähigkeiten.

Eine andere Studie stellte fest, dass bei 15-20% aller Frauen diese Beschwerden auch Jahre nach der Therapie noch anhalten.

Viele Ärzte haben hier allerdings nie einen direkten Zusammenhang gesehen, sondern es auf die typischen Nebenschauplätze von Krebskranken wie Depressionen, Angstzustände und Müdigkeit geschoben.

Während der Therapie war es ein schleichender Vorgang.

Ich hatte immer mehr Defizite in der Aufmerksamkeit anderen gegenüber, konnte mich nur noch schlecht erinnern, etwas lernen war fast nicht möglich, meine Vorstellungskraft ließ enorm nach und noch einiges mehr.

In allen Bereichen meiner Entwicklung gab es – nennen wir es – Verzögerungen und Hemmnisse.

Das Sehen

Was für mich als Fotografin besonders auffällig war: Ich konnte nicht mehr scharf sehen. Natürlich vermutete ich, dass es mal wieder Zeit für den Augenoptiker wurde, aber nach kurzer Zeit hatte ich auch das Gefühl, dass die Farbe aus meiner Umwelt verschwunden war – ich sah nur noch in schwarz-weiß-grau!

Das machte mir große Angst, nur wollte ich nicht gleich alle damit beunruhigen. Ich dachte mir, wenn die Therapie vorbei ist, wird schon wieder alles seinen normalen Gang gehen, auch beim Sehen. Einige Wochen nach dem Ende der Therapie bekam ich langsam auch meine Sehschärfe zurück, jedoch noch nicht die Fähigkeit, Farben wieder genau zu erkennen. In dieser Zeit wollte ich weder lesen noch Bilder ansehen.

Die Unsicherheit, was ist oder wird mit meiner Sehkraft, schwirrte mir immer im Kopf herum. Auch Spaziergänge machten mir keine große Freude, was sich erst im Winter etwas änderte – da gab es draußen nicht mehr so viele Farben.

Das Riechen

Was kurz nach Beginn der Therapie auch sehr schnell deutlich wurde: Ich konnte nichts mehr riechen.

Egal, ob mein Mann etwas gekocht hatte, ob draußen in der Natur, beim Haare waschen oder wenn das Putzmittel offen herumstand – ich bekam Luft durch die Nase, konnte allerdings keine Informationen mehr verarbeiten.

Gut, für 2-3 Wochen ist das kein Problem, hat man doch so etwas Ähnliches auch in der Zeit von Grippe und Erkältung jedes Jahr aufs Neue.

Wenn jedoch aus Wochen Monate werden – ich zumindest zog mich immer mehr in meine kleine Welt zurück.

Das Schmecken

Unscharf sehen, ähnlich wie ohne Brille und das trotz Brille war das Eine, aber auch nichts mehr riechen?

Das Leben machte mir immer weniger Freude, aber das sollte nicht alles sein, denn mit dem Geruchssinn verlor ich auch meinen Geschmackssinn.

Was heißt verlor, das ist der falsche Ausdruck – alles schmeckte wie Metall! Schlecken Sie mal eine saubere Dose ab oder lutschen Sie an einer Eisenkette, dann können Sie es sich vorstellen. (Ich habe diese Beispiele gewählt, da ich sie Jahre später einfach mal ausprobiert habe.)

Egal ob Nudeln mit Soße, Äpfel oder Beeren, Erbsen oder Blumenkohl, die Konsistenz war zwar unterschiedlich, aber es schmeckte immer nach Metall. Ich fühlte mich immer ohnmächtiger und fragte mich, warum ich überhaupt noch da war.

Nichts konnte ich richtig sehen, dauernd war mir schwummerig, ich roch nichts und alles schmeckte nach Metall! Ich dachte, es könnte nicht mehr schlimmer kommen, doch auch in diesem Punkt sollte ich mich irren.

Das Tasten

Bereits während der Chemotherapie begannen die Bestrahlungen. Bedingt durch beide Therapieformen und deren Mittel, die ich rund um die Uhr schlucken sollte, hatte ich nicht nur das Gefühl, dass ich aufquoll, sondern die Haut spannte, die Arme und Beine, der Kopf, der Hals, alles wurde dicker, fester und unangenehmer.

Andauernd wollte ich verschiedene Stellen an meiner Haut reiben, aber es tat direkt weh, ähnlich dem Gefühl, wenn Sie die Arme in einen Busch Brennnesseln stecken.

Auch die Finger waren so gespannt. Wenn ich meinen Mann berührte oder jemandem die Hand gab, glaubte ich manchmal, die Haut würde aufreißen. Unabhängig davon sah ich nur noch eine fürchterlich hässliche und aufgedunsene Frau im Spiegel – das machte keine Freude, aber ich war auch immer zu müde, um mir darüber großartig Gedanken zu machen. Ich habe es eher apathisch akzeptiert!

Das Hören

Bei all diesen negativen Punkten gab es jedoch einen Lichtblick und das war paradoxerweise der Ton.

Ich konnte sehr viel besser hören, oder es kam mir zumindest so vor, da ich ja sonst nur noch „sinnbehindert" war. Ich hörte alles genauer, sowohl die Höhen als auch die Tiefen. Ich kann mich nicht erinnern, jemals ein so gutes Gehör gehabt zu haben, außer vielleicht das einer Mutter, die überall ihr Baby hört.

Alles, was ich bei den anderen Sinnen vermisste, kompensierte ich nun mit meinem Gehör. Das Rauschen des Windes in den Bäumen, das Knirschen unter den Stiefeln im Schnee, der Klang der Musik, aber auch die Stimmen hörten sich nun anders an.

Erschien mein Mann mir früher eher mal laut, hörte ich nunmehr die Nuancen in seiner Stimme. An der Stimme unseres Sohnes Matthias, auch weit entfernt, konnte ich seine Stimmung bemerken. Auch bei unserem Sohn Andreas registrierte ich erst jetzt die wirkliche Tiefe seiner Stimme. Natürlich hatte ich sie früher auch bemerkt, jedoch nicht in dieser Intensität. Auch meine eigene Stimme hörte sich für mich anders an, piepsig, ungewohnt hell.

Selbsterkenntnis und Menschenkenntnis in der Krankheit

Wenn ich davon schreibe, wie wichtig Selbsterkenntnis und Menschenkenntnis in der Krankheit sind, dann können Sie mir glauben, das meine ich sehr ernst!

Ich habe zwei Grundarten erkannt, einmal die Selbsterkenntnis und die Menschenkenntnis auf Basis der von Geburt aus mitgegebenen Faktoren und zum zweiten die auf Basis des durch Erziehung entstandenen Charakters.

Dazu einige Beispiele:

Im Krankenhaus kurz vor der Operation erlebte ich, wie sich eine Mitpatientin aus meinem Zimmer immer wieder über eine Krankenschwester aufregte, mit der ich blendend auskam. Sie regte sich darüber auf, dass die Schwester so umständlich sei und wenig dynamisch. Ich dagegen sah eine Person in ihr, die sehr entgegenkommend und liebenswürdig war.

Es gab Zeiten, da hätte ich mich daraufhin über meine Mitpatientin aufgeregt, aber durch meine Ausbildung (es ist schon von Vorteil, wenn man einen Mann zu Hause hat, der nicht nur sehr lieb ist, sondern auch Trainer für Selbsterkenntnis und Menschenkenntnis) wusste ich, dass meine Mitpatientin ihre Wahrnehmung deshalb hatte, weil ihre Denkweise sich nicht mit einer anderen Art zu denken identifizieren konnte.

In diesem Fall war es ziemlich eindeutig, dass die Krankenschwester andere Dominanz-Merkmale als meine Mitpatientin hatte und ich den Vorteil, das zu erkennen.

Ich regte mich deshalb nicht auf und konnte mich so leichter auf die zukünftigen geistigen Herausforderungen vorbereiten, meine Mitpatientin konnte das nicht.

Nach meiner Operation hatte ich mit immer wieder wechselnden Krankenschwestern zu tun, und es war für mich sehr einfach zu erkennen, welche Schwester nur kurze und knappe Informationen von mir wollte und welche lieber mehr und ausführlichere Informationen.

So kamen wir alle sehr gut miteinander aus, und ich konnte meine Zeit im Krankenhaus in größtmöglicher Gelassenheit verbringen. In der Rehabilitation konnte man sich ein paar Therapien aussuchen, jedoch nicht alle ausprobieren, was ich aber wollte.

So bin ich einfach überall mal hingegangen. Ich habe mir vorher die Therapeuten angesehen, wusste somit, wie man mit ihnen umzugehen hatte und kam auch überall rein, um es mal auszuprobieren.

Ich wusste, wie ich die Therapeuten nehmen musste.

Mehr dazu auf www.jonnyhofer.com

Ich empfehle es wirklich jedem. Lernen Sie, Ihre Chancen, Fertigkeiten und Fähigkeiten sowie die der anderen zu erkennen. Sie werden in allen Bereichen Ihres Lebens – egal, ob Sie krank oder gesund sind – Vorteile daraus ziehen können.

Phrasen können krank machen

Was mir in der Zeit seit der Diagnose alles aufgefallen war, kam mir selbst schon etwas eigenartig vor, zum Beispiel, wie manche Menschen mit mir redeten!

Einige waren sehr mitfühlend, ein paar mehr voller Mitleid, was mir gar nicht gefiel und dann gab es noch die dritte Sorte, ich nannte sie sehr bald die Phrasen-Laberer.

Von Anfang an erlebte ich, leider auch in meinem damals engsten Umfeld, wie viele Phrasen-Laberer es gibt und was sie für einen wenig hilfreichen rhetorischen Unsinn absondern – tut mir leid, aber ich kann es heute nicht anders ausdrücken!

Als ich mich so schnell für die Operation entschieden hatte, kamen die ersten und erzählten mir von anderen Krebskranken, die „auch" gestorben waren, womöglich, weil sie sich nicht richtig erkundigt hatten.

So, wie mein Mann und ich die Sache angingen, könnte das ganz schön ins Auge gehen.

Man versuchte mir klarzumachen, dass ich als Betroffene das Ganze natürlich nicht richtig beurteilen könne, ich hätte ja auch keine Erfahrung wie der Bekannte von … !

Oder später, als ich anfing zu meditieren, Qi Gong allein im Garten zu machen oder im Wald einfach mal ganz laut zu schreien.

„Rosemarie, was ist denn? Was sollen denn die Leute denken?", „Ruh dich lieber aus und leg dich ins Bett!" oder „Ich sage dir das ganz objektiv, mit solchem asiatischen Blödsinn wird man nicht gesund!"

Manche dieser Phrasen können regelrecht krank machen, nicht körperlich, sondern geistig. Phrasen halten hin, verunsichern und das bereits im ganzen normalen Alltagswahnsinn.

Wenn Sie jedoch schwer krank sind und Freunde oder Bekannte, die im Gesundheitswesen arbeiten, Ihnen etwas erzählen wie „Das haben wir schon immer so gemacht!" oder „Für solche Veränderungen ist es noch zu früh!", verlieren Sie den Mut für die Zukunft.

Auch die Bedenkenträger in meinem Umfeld haben mit Aussagen wie „Was da wohl die Leute oder Kollegen sagen werden?" oder

„Wie ihr euch das vorstellt, ist es doch schon rein organisatorisch gar nicht machbar!" nicht gerade Optimismus verbreitet. Dann waren da noch die ewigen Besserwisser, die uns klar machen wollten: „Wie ihr die Sache angeht, kann das schwer ins Auge gehen" oder ganz „objektiv" meinten, mein Plan könnte so, „mit deinem Hokuspokus-Eso-Quatsch", nicht aufgehen, wenn ich mich nach alternativen Heilmethoden umschaute.

Zuallerletzt kamen sogar noch die absoluten Killerphrasen wie: „Denk erst mal nach, du bist immer viel zu emotional!" oder „Typisch Frau!", wenn ich wieder mal ohne Grund mitten im Gespräch anfangen musste zu weinen und selbst nicht direkt erklären konnte, warum.

Alle diese Phrasen konnte ich nicht mehr ertragen, denn sie hinderten mich daran, mein Denken positiv und optimistisch zu halten. Selbst heute noch kann ich diese Phrasen in meinem Umfeld nur ein kurze Zeit oder nur bedingt aushalten.

Ich falle denjenigen meist schnell ins Wort und wechsele das Thema. Wenn das allerdings nicht funktioniert oder sich ständig wiederholt, dann trenne ich mich auch von diesen Menschen, oder ich lasse den Kontakt einschlafen.

Abkehr und Trennung von Mitmenschen

Ich habe für mich aus der Krankheit eine Lehre gezogen, die heißt: Umgib dich mit Menschen, die dir guttun, und trenne dich von den Menschen, die dir deiner Meinung nach schaden.

Geschäftlich ist das etwas schwieriger zu lösen, im Privatleben ist es jedoch machbar, auch wenn es dabei zu Härtefällen kommen kann. Es können alte Schulfreunde sein, deren eigene Entwicklung für mich zu pessimistisch oder zu destruktiv war, oder Geschwister, Mitarbeiter, Nachbarn und manch andere.

Ich suchte nach den Menschen, die meinen Optimismus teilten und deren positives Denken und Handeln mir guttat.

Wie das funktioniert? Insgesamt ist es gar nicht so schwer, denn durch die Krankheit hat man immer eine Ausrede parat, warum man nicht mitkommen kann, warum man nicht auf die Party gehen kann, warum man die Wanderung nicht mitmachen möchte usw. Du musst nichts abrupt machen, du kannst einfach dafür sorgen, dass die anderen sich daran gewöhnen, dass du nicht da bist.

So tust du niemandem weh, aber dein Ziel erreichst du - dich von denen zu trennen, die du für deine Heilung und für dein Leben danach nicht mehr benötigst!

Natürlich führt das schnell zu einer enormen Verkleinerung deines Bekanntenkreises, jedoch gilt hier die ewig gleiche Maxime:

Klasse statt Masse oder Qualität statt Quantität oder einfach nur: Lieber ein paar wenige, dafür passende Freunde und Bekannte.

Ansonsten lernst du wieder, dich mit dir und deinen Gedanken zu beschäftigen, deine Zeit neu zu nutzen, intensiver, weniger darauf bedacht, was denn die anderen sagen, sondern nur darauf, was du denkst, glaubst und fühlst.

Mein Spickzettel als Schlüssel zur Selbsterkenntnis

Ganz entscheidend war, dass ich erst während der Heilung endlich verstanden habe, welch wertvolles Wissen ich bereits vorher im Geschäftsleben genutzt, jedoch privat irgendwie nicht wirklich verstanden hatte – paradox, gell?

Bereits vor vielen Jahren lernte ich durch meinen Mann die Biostrukturanalyse kennen. Die Biostrukturanalyse ist kein psychologischer Test, sondern eine wertfreie Analyse individueller, genetisch veranlagter Grundmuster.

Ihre Einsatzgebiete und ihre Grenzen sind genau definiert. Das STRUKTOGRAMM® ist dabei ein Ordnungsprinzip zur Strukturierung von Veranlagungen und Lernprozessen im Umgang mit sich selbst (und im weiteren Verlauf auch mit anderen).

Es soll und kann nicht alles im Verhalten von Menschen erklären, zeigt jedoch wesentliche biologische Rahmenbedingungen für das Verhalten auf. Beim STRUKTOGRAMM® handelt es sich nicht um eine starre Typologie; vielmehr wird man für die Vielfalt menschlicher Verhaltensweisen sensibilisiert.

Geschäftlich ist es ein gute Sache, sich schnell in den Kunden hineinversetzen zu können und so die Bilder zu machen, die er auch wirklich erwartet, allerdings ist es privat noch viel wichtiger.

Wie viele andere Menschen auch bin ich erzogen worden, jedoch nicht unbedingt so, wie es meiner individuellen Struktur entspricht. Das soll kein Vorwurf sein, nur eine Feststellung.

Ich handelte sehr häufig aus den falschen Motiven heraus, z.B. weil es andere auch so machten, weil der Soundso es gesagt hat, weil man es einfach so macht – falsch in meinen Augen deshalb, weil es nicht meine eigenen Motive waren.

Ich war selten wirklich ich!

Durch die Biostrukturanalyse wurden mir viele meiner Stärken wieder aufgezeigt, jedoch habe ich dieses Wissen erst in der Zeit nach der Operation wieder bewusst wahrgenommen.

Ich hatte plötzlich eine Art Spickzettel für mich, für mein neues, mein echtes Ich. Es war eine Grundlage für mein heutiges, verändertes Leben. Auch bin ich heute überzeugt davon, dass ein nicht authentisches Leben zu den unterschiedlichsten Formen von Krankheit führen kann.

Sehr passend ist in diesem Zusammenhang das Zitat des berühmtesten Arztes des Altertums, Hippokrates. Er gilt als Begründer der Medizin als Wissenschaft.

„Krankheiten befallen uns nicht aus heiterem Himmel, sondern entwickeln sich aus täglichen Sünden wider die Natur. Wenn sich diese gehäuft haben, brechen die Krankheiten unversehens hervor. "

Hätte man mir dieses Zitat Jahre vorher vorgelesen oder erzählt, wäre meine Reaktion wahrscheinlich so etwas wie „Quatsch!" gewesen, heute dagegen sage ich:

„Der Mann hatte absolut recht!"

Ich glaube, dass dieses Wissen einen Teil meiner Heilung, vor allem jedoch einen großen Teil meines heutigen Seins ausmacht.

Musik als Medizin

So weit ich mich zurückerinnere, spielte Musik in meinem gesamten früheren Leben keine große Rolle. Ich hatte weder als Kind ein Radio, als Teenager einen Plattenspieler noch später einen eigenen Kassettenrecorder. Auch in meinem ersten Auto brauchte ich kein Radio – kurzum, mit Musik hatte ich außer auf der Kirmes nichts zu tun. Meine erste Stereoanlage habe ich nur gekauft, damit unser Sohn Matthias zu Hause seine Kinderkassetten hören konnte.

Erst mit meiner zweiten Ehe kam auch die Musik in mein Leben, wenn auch eher gezwungenermaßen, denn viele diese Schallplatten oder CDs, die mein Mann mit in die Ehe brachte, waren überhaupt nicht meine gewohnte Musik.

Plötzlich hörten wir zu Hause AC/DC, Motörhead, Metallica, The Beatles, Elvis, Rush, Al Jareau, Beethoven, Haydn und noch vieles mehr.

Eine für mich sehr eigenartige Umstellung. Mein Mann hörte zu jeder Stimmung, zu jedem Essen, zu jeder Situation die, wie er glaubte, passende Musik. Ich hörte sie jahrelang, hörte jedoch nie wirklich zu.

Dass sich das ausgerechnet kurz nach meiner Operation und vor allem danach in der Reha so stark ändern würde, damit hatte ich überhaupt nicht gerechnet. Ich sage es schon mal vorneweg:

Ohne Musik könnte ich heute keinen Tag mehr klarkommen.

Einige Tage waren vergangen, und ich hatte mich schon ein wenig von der Operation erholt. Ich konnte bereits aufstehen, selber zur Toilette gehen (was für ein wundervolles Gefühl!), als mich Freunde, Ute und Philipp, in der Klinik besuchten.

Sie schenkten mir eine Musik-CD, die ich, ehrlich gesagt, am Anfang gar nicht wirklich wahrnahm. Meine Lieben hatten mir auch extra vor der OP einen MP3 Player gekauft, nur kannte ich mich damit gar nicht aus und es interessierte mich auch nicht. So nahm ich nach meinem Klinikaufenthalt alles brav mit nach Hause.

Am ersten Abend zu Hause war ich sehr aufgewühlt – vielleicht, weil ich gedacht hatte, ich würde es nicht mehr wiedersehen. Mein Mann sagte zu mir, ich solle mich auf die Couch legen und einfach etwas Musik hören, ich hätte doch eine wunderschöne CD geschenkt bekommen.

Er legte sie auf und gab mir die Hülle, so wie er es als ewiger und unverbesserlicher Optimist immer machte (er glaubte immer noch fest daran, dass ich mich eines Tages wirklich für Musik interessieren würde).

Dann erzählte er mir etwas zu dem Titel Life Blood, was je nach Zusammenhang übersetzt so viel heißt wie Herzblut oder Lebensnerv.

Die Interpreten waren die Indianerin Joanne Shenandoah und der deutschstämmige US-amerikanische Pianist, Komponist und Musikproduzent Peter Kater.

Eine weiche, ruhige Stimme begann ein Lied zu singen, in welcher Sprache wusste ich nicht wirklich, irgendetwas Indianisches und dazu der wundervolle Klang des Klaviers. Mein Mann setzte sich zu  mir. Dann fasste er meine Hand, und wir hörten beide nur zu.

Zum ersten Mal habe ich die Musik gespürt.

Ich weinte, vor Freude und vor Glück, daheim zu sein, und ich weinte auch wegen meiner immer noch vorhandenen Schmerzen, aber ich glaube aus heutiger Sicht, auch wegen der Musik.

Nach einer kurzen Zeit beruhigte ich mich und konnte recht entspannt weiter auf der Couch der Musik zuhören und die Klänge genießen.

Klaviermusik hatte mich noch nie wirklich interessiert, doch das auf der CD wollte ich immer wieder hören. Ich habe diese CD an diesem Abend fünfmal hintereinander gehört, bevor ich entspannt ins Bett ging, in mein eigenes.

Von diesem Abend an haben wir jeden Tag diese CD mindestens einmal zusammen angehört, bis zu dem Zeitpunkt, als mein Mann mich in die Reha nach Prien fuhr.

Während ich nun jeden Tag, an dem es mir möglich war, am Chiemsee spazieren ging, mussten meine Lieben daheim irgendwie weiter ohne mich klarkommen, aber ich machte mir keine Sorgen. Sie hatten das schon einige Monate geschafft, da würde es auch noch ein paar weitere gehen.

Abends auf meinem Zimmer hörte ich weiterhin die CD.

Auch tagsüber nutzte ich alles, was es an Angeboten gab, um lustige, leise oder laute Musik zu hören, zur Musik zu tanzen, selbst Musik zu machen – wenn es auch nur das Xylophon oder die Triangel waren.

Musik war ab diesem Zeitpunkt ein großer Bestandteil meiner Heilung geworden.

Kurz bevor ich heute wieder mit dem Schreiben begonnen habe, war ich im Wald ein wenig spazieren. Man konnte die Sonne erahnen, jedoch war der Nebel noch sehr tief und dicht. Ein Sonnenstrahl blinzelte durch die Äste, nur ein kurzer Augenblick.

Wieder zuhause setzte ich mich im Wohnzimmer auf meine Matte und hörte mit geschlossenen Augen die CD Walk in beauty.

Nun sah ich wieder die gleiche Situation im Wald, den Nebel, nur dass ich mir jetzt im Geiste noch weitere solcher Situationen ausmalen konnte. Ein unwahrscheinliches Gefühl des Glücks kam in mir hoch.

Gerade jetzt, in diesem Augenblick, während ich schreibe, höre ich die CD wieder, um mich an die Bilder zu erinnern und mit einem ähnlichen Glücksgefühl an meinem Buch zu schreiben, in der Hoffnung, dass ich etwas von meinem Glück zu Papier bringen, es verständlich machen kann.

An anderen Tagen, wenn mal wieder die Narbe zwickt, meine Muskeln verspannt sind oder ich Gefahr laufe, dunkle Gedanken zuzulassen, dann tanze ich zur CD Heart of the universe – einfach so, ohne Regeln, nur nach meinem Gefühl, und es tut so gut.

Wenn ich einfach nur auf der Couch liege und zum Fenster hinaussehe, die Wolken beobachte, wie sie vorüberziehen, dann höre ich am liebsten die CD Call of love.

So habe ich bis heute die passende Musik für meine jeweilige Stimmung gefunden, und immer ist sie wie Balsam auf meiner Seele!

Heute weiß ich viel mehr darüber, was mir die Musik Gutes tut, warum sie mir hilft und geholfen hat, wieder gesund zu werden.

Vor allem Peters Musik wirkte auf meine Stimmung, meine Emotionen, sie schenkte mir nie gekannte Glücksgefühle, ich konnte mit ihr Tränen vergießen und mit ihr lachen.

Musik wird heute immer öfter in der therapeutischen Arbeit eingesetzt. Musik hören ist eine sogenannte rezeptive Musiktherapie, wobei das Hören für unser Gehirn richtige Arbeit ist.

Musik hat, wie ich heute weiß, Einfluss auf das Gedächtniszentrum (mich zu erinnern musste ich ja auch wieder lernen), das Sprachzentrum (auch da wurde es immer besser) und das Bewegungszentrum.

Natürlich passt nicht jede Musik zu jedem Menschen, alles ist sehr individuell, so muss man relativ viel ausprobieren.

Viele Menschen machen den Fehler, sich eine empfohlene CD zu kaufen, stellen fest, dass die Musik nichts für sie ist und stellen das Ganze sofort infrage.

Manchmal muss man auch in passende Musik investieren! Auf Peters Webseite zum Beispiel kann man fast alle CDs kostenlos probehören, um herauszufinden, was zu einem passt.

Für verschiedene Krankheitsbilder gibt es natürlich auch unterschiedliche Therapien, wie z. B. die Melodische Intonationstherapie oder das musikunterstützte Training. Die Melodische Intonationstherapie ist eine Form der Sprachtherapie, die Gesang einsetzt zur Behandlung von Patienten z. B. mit Sprechapraxien, einer erworbenen Störung der Planung von Sprechbewegungen aufgrund einer Schädigung in der dominanten, meist der linken Hemisphäre des Gehirns.

Das musikunterstützte Training ist eine aktive Form der Musiktherapie. Speziell bei Schlaganfallpatienten ist der Bewegungsapparat beeinträchtigt. Sie lernen selbst zu musizieren.

Ohne Vorkenntnisse beginnen sie, meist mit Drumpads, einfache Melodien zu trommeln, was mit der Zeit immer weiter gesteigert wird.

Man geht dann auch auf Keyboards über, um die Melodien zu verfeinern. Mein Mann hat seine eigenen Erfahrungen mit dieser Therapieform gemacht und auch er ist ein absoluter Verfechter der Musiktherapie, im gesunden wie im kranken Zustand!

Jetzt noch mein Geheimelixier: Die Hand meines Mannes!

Viele Jahre bevor ich krank wurde, hatte ich bereits einen zu hohen Blutdruck und nahm Tabletten dagegen. Ich wollte diese am liebsten nun auch nicht mehr, denn ich hatte das Gefühl, es wäre am besten, so wenig Chemie in den Körper zu lassen wie möglich.

Ich hatte während meiner Ruhephasen, in denen ich bei der Musik entspannte, immer den Drang, die Hand meines Mannes zu halten, aber auch das fühlte sich noch nicht so beruhigend an, wie ich gehofft hatte.

Als mein Herz mal wieder sehr stark pochte, legte er seine Hand einfach ganz leicht darauf und nach kurzer Zeit wurde es ruhiger.

Im Zusammenspiel mit der Musik und der Hand meines Mannes wurde ich ab diesem Zeitpunkt immer schneller ruhig und entspannt.

Manchmal hielt er seine Hand über Stunden auf mein Herz. Wenn ich heute nur die ersten Töne dieser CD von Peter höre, entspanne ich sofort und spüre fast körperlich die beruhigende Hand meines Mannes dazu.

Mit der Zeit befasste sich mein Mann intensiver mir diesem Phänomen und fand es in der Chakra-Energiemassage begründet. Dort heißt es, wenn es ein Chakra im Körper gibt, das eine besondere Stellung innehat, dann ist es das Herzchakra. Es wird als Heiler unter den Chakren bezeichnet und ist unter anderem für die nachhaltige Selbstheilung des Menschen mitverantwortlich. Dieses Herzchakra liegt im Körper zwischen den Brustwirbeln auf Herzhöhe bzw. in der Brustmitte.

Auch hier gilt für mich persönlich: auf mein Bauchgefühl gehört, durchgeführt und später erst herausgefunden, was es mit dieser Situation auf sich hat. Ich musste also nicht an diese Dinge glauben, ich habe sie erlebt.

Mein Mann hat sich danach noch intensiver damit beschäftigt und ist auf viele weitere spannende Dinge gestoßen.

Sehr interessant dabei: Er hat mit dem Auflegen seiner Hand im Herbst 2007 begonnen und sich erst 2009 erstmals mit den Chakren beschäftigt. Ich nutzte sein Wissen natürlich nun, um in regelmäßigen Abständen Chakrenmassagen zu erhalten (im Grunde sind es keine üblichen Massagen, eher eine Technik des Handauflegens).

Er sprach auch immer mal wieder davon, wie angenehm es wäre, wenn es eine passende Musik für mich von Peter gäbe, in der alle sieben Chakren vorkämen, dann hätte er sogar einen Spickzettel.

Wir lachten oft über diese blödsinnige Idee, denn erstens kannte Peter uns nicht und zweitens, warum sollte er das tun?

Kurz gesagt: im Jahr 2012 kam eine neue CD von ihm auf den Markt, die nur kurze Zeit nach Erscheinen sogar eine Grammy-Nominierung bekam und wir bestellten sie.

Die einzelnen Titel der CD Light Body heißen:

1. Root Chakra

2. Sacral Chakra

3. Solar Plexus Chakra

4. Heart Chakra

5. Throat Chakra

6. Intuition Chakra

7. Crown Chakra

Unsere Verblüffung war an diesem Tag besonders groß!

Meditation als Ausgangspunkt für meine Gesundung

Mit der Musik kam auch Ruhe in mein Leben, und mit dem neu entfachten Bedürfnis nach Ruhe kam die Meditation hinzu.

War für mich am Anfang Meditation gleichzusetzen mit einem hageren Mann, der im Schneidersitz stundenlang herum sitzt, so lernte ich mal wieder von meinem Erklärbären, dass der Ursprung des Wortes Meditation aus dem Lateinischen (nachdenken, überlegen) wie auch dem Griechischen (denken, sinnen) kommt und man nicht zwangsläufig auf einem Nagelkissen sitzen muss, sondern auch gerne in entspannter Lage oder Haltung auf einem Kissen oder auf dem Bett verharren darf.

Das immer wiederkehrende Einssein mit mir, wenn auch nur für Sekundenbruchteile oder die kurzen Phasen frei von irgendwelchen Gedanken halfen mir extrem bei der Verarbeitung meiner immer noch vorhandenen Ängste.

Achtsamer mit mir und mit anderen, mit Dingen und mit meiner Umwelt umzugehen eröffnete mir ein ganz neues Gefühl von Sicherheit sowie Perspektiven für meine ungewisse Zukunft. Nach der Chemo konnte ich mir ja kaum noch etwas merken oder mich länger auf eine Sache konzentrieren, sodass die Konzentrationsübungen, die ich in der Reha aus Büchern und aus Anleitungen gelernt hatte, mir immer weiter halfen.

Ohne es zu merken, hatte ich für mich bereits eine Art der Meditation praktiziert, mit meinem eigenen Mantra, wenn man so möchte. Als ich kurz nach der Operation jeden Tag immer wieder, tausendfach schrieb und manchmal leise mitlas „Ich bin gesund", hatte das bereits etwas von einem Mantra, etwas von einer Meditation.

Ich fragte mich, wieso ich das überhaupt gemacht hatte, vor allem in dieser Intensität.

Mir fiel es wieder ein, es war die CD Positiv Denken von Erhard F. Freitag, welche wir vor Jahren bereits gekauft hatten, eigentlich nur, um trotz unserer damaligen schwierigen finanziellen Lage weiterhin positiv zu bleiben.

Wir beide, meine Mann und ich, stellten selber damals nichts an uns fest, andere Personen jedoch schon, was man uns auch sagte.

Es funktionierte! Nun, war es der positive Inhalt oder die Häufigkeit, mit der wir die CD gehört hatten?

Auf jeden Fall war das ausschlaggebend für

mich, auch meine Kladde vollzuschreiben. Der Anfang, auch für mein Verständnis war gemacht.

Nach der in Ruhe zu genießenden Musik bestand mein nächster Einstieg in die Meditation aus ersten Kursen in der Rehabilitation, aber vor allem wiederum aus einer CD.

Die Telefonate am Abend mit der Familie fielen wegen meiner großen Müdigkeit meist kurz aus. Alles war nach wie vor sehr anstrengend, nur meine Männer wollte ich immer noch mal hören.

An einem dieser Abende erzählte mir mein Mann, er würde noch zu einer Veranstaltung der GSA fahren (er war damals Mitglied der German Speakers Association, einer Vereinigung für Trainer und Redner im deutschsprachigen Raum) und mir am folgenden Tag davon berichten.

Am nächsten Tag erzählte er mir dann, dass er einen der ganz Großen der Zunft kennen gelernt hatte, einen Mann, den wir vorher nur aus dem Fernsehen kannten – es war Nikolaus B. Enkelmann. Die zwei hatten sich auf Anhieb gut verstanden, und nachdem man so manche Anekdote ausgetauscht hatte, erzählte mein Mann auch von mir und der Reha.

In diesem Gespräch sagte Herr Enkelmann, er

wolle mir etwas Gutes tun und er werde am nächsten Tag veranlassen, dass ich eine CD von ihm bekomme, die ich ab sofort an jedem Tag höre sollte, am besten entspannt auf dem Bett liegend, mindestens jedoch acht Wochen!

Zwei Tage später hielt ich eine CD in Händen mit dem Titel Gesundheit kommt aus der Seele.

Als ich sie anzuhören begann, ärgerte ich mich jedes Mal wieder, da ich immer nach kurzer Zeit  einschlief, was jedoch laut Herrn Enkelmann nicht weiter schlimm war und so hörte ich sie weiter. Nach einigen Wochen bereits fühlte ich mich wie ein Akku, der gerade voll aufgeladen wurde, wenn ich aus diesem kurzen Schlaf aufwachte.

Sei es durch die CD oder den Schlaf oder beides, egal, es ging mir danach immer viel besser als vorher, was ein Grund dafür ist, dass ich die CD über fünf Jahre jeden Tag zur Mittagszeit angehört habe!

Wieder zurück zu Hause interessierte es mich,

mehr zu erfahren über Achtsamkeit, Einssein mit mir und im Hier und Jetzt leben – alles Dinge, die ich in der Form vorher nicht gekannt hatte.

Ich las immer mehr Bücher von Thích Nhât Hạnh, um Achtsamkeit noch besser zu verstehen und zu erleben. Auch interessierte ich mich immer mehr für den Buddhistischen Weg, allerdings nicht, um mich von meinem jetzigen Glauben zu trennen, sondern einfach, um andere Sichtweisen auf das Leben und das Sterben zuzulassen.

Ich erlernte Atemübungen und Entspannungstechniken, die ich bis zum heutigen Tag jeden Morgen nach dem Aufwachen ausübe. Ich bereite mich immer auf die gleiche Art auf den Tag vor, indem ich mit mir einen andauernden inneren Dialog halte und mir den Tag in seiner positiven Version vorstelle.

Angefangen vom Duschen, dem Frühstück, der Fahrt zur Arbeit, über die Laune der Mitarbeiter, die verschiedenen Kunden bis hin zu den Mahlzeiten und dem zu Bett gehen am Abend.

Alles male ich mir kurz in den schönsten Farben aus.

Auch war es wieder Nikolaus B. Enkelmann, der

mir die Tür zu einer weiteren Methode, einer auch von der Schulmedizin durchaus empfohlen alternativen Möglichkeit öffnete – der Hypnose. Laut neueren Untersuchungen gilt die Hypnosetherapie als wirksame Ergänzung zu den Krebstherapien, denn durch sie ist es möglich, auch innere Heilungsprozesse zu aktivieren.

Als ich mich noch weiter damit beschäftigte, stieß ich unter anderem auf zwei Namen, zum einen Jan von Berg, wohl einer der bekanntesten Hypnosetherapeuten in Deutschland und da er sich sehr dafür einsetzt, den Verein Stark gegen Krebs.

Der Arzt und erste Vorsitzende des Vereins Stark gegen Krebs, Dr. med. Bernd Schmude, erkrankte 1998 ebenfalls an Krebs, mit einer damals statistischen Lebenserwartung von ca. 3 Jahren und weiß deshalb nur zu genau, wie sich das Leben nach der Diagnose anfühlt.

Natürlich passiert nicht immer alles, wie ich es mir ausdenke, jedoch tut es das immer öfter.

Genauso stelle ich mir jeden Tag vor, wie ich aussehe – eben nicht wie ein altes, hässliches Entlein mit einer langen OP Narbe,

sondern wie eine fröhliche, schöne Frau mit einem flachen Bauch und vor allem mit einem Gewicht von 65 kg. Als ich damit begann, wog ich 78 kg und hatte Kleidergröße 44. Heute ist es Kleidergröße 38, allerdings muss ich zugeben, den Bauch muss ich immer noch etwas einziehen.

Durch mein Interesse habe ich erfahren, warum mir gerade die Meditation und die Achtsamkeitsübungen so geholfen haben. Auch hierbei spielt wieder das Gehirn eine große Rolle.

Wenn man meditiert, wird ein bestimmter Teil des Gehirns, welcher unter anderem den Schmerz verarbeitet, stärker durchblutet, was dazu führt, dass man weniger Schmerz spürt.

Achtsamkeitsübungen können vor depressiven Phasen in der Zeit der Heilung schützen. Tut es weniger weh und bist du nicht deprimiert, ist das Leben angenehmer und schöner. Hast du ein angenehmes und schönes Leben, heilen Wunden und Narben einfach schneller.

Ernährung als heilender Faktor für Geist und Körper

Natürlich hat mir dabei auch die Nahrungsumstellung geholfen. Hatten wir früher immer viele Nahrungsmittel verpackt und eingeschweißt gekauft, wurden wir immer mehr zu Frischwaren-Experten.

Zuerst nagte es an meinen Nerven, dass ich nichts mehr schmecken konnte. Über ein halbes Jahr ging das so, immer schlechter war mein Gefühl, und immer öfter wurde ich unsicher, was das für ein Leben sein sollte, in dem ich nichts mehr schmecken oder riechen konnte.

Allerdings änderte sich dieser Zustand in kleinen Etappen. Das Problem allerdings war, ich konnte bald besser riechen als vorher und auch mein Geschmack sagte meinem Inneren viel schneller „Igittigitt!".

Hatte ich eine Wurst aus einer Plastikverpackung auf dem Brötchen, schmeckte ich es – ob es die Verpackung war oder die haltbar machenden Zusätze – egal.

Irgendwann aß ich keine Wurst mehr oder nur noch die vom Metzger.

Das Gleiche passierte auch beim Käse, bei der Marmelade und bei vielen anderen Nahrungsmitteln. Ich begann mein Essen erst einmal zu riechen – sieht zwar etwas eigenartig aus – aber ich wollte sichergehen, dass meine Zunge nicht diese „Igittigitt"-Information an mein Gehirn weitergab.

Manchmal war der Geschmack so extrem, dass ich mich übergeben musste. Was blieb meinem Mann nun übrig – vieles selber herstellen. Einen eigenen Garten anlegen, selber Früchte einlegen, selber Brot backen usw.

Was wir nicht selber herstellen, kaufen wir in bestmöglicher Qualität beim Bauern und im Bioladen. Meine liebste frühere Pause, Kaffee & Kuchen, habe ich für lange Zeit erst ganz weggelassen und später dann wieder eingeführt, allerdings in Kleinstmengen von guter Qualität, was bedeutet:

Wo es früher auch mal ein Fertigkaffee, Cappucinopulver oder ähnliches war, gibt es heute fast nur noch Kaffee aus Biobohnen, selbst gemahlen, Kuchen und Kekse aus Biomehl, Biozucker, Biomilch, Biobutter etc. und wieder selbst gebacken. Ich möchte wissen, welche Inhalte meine Ernährung ausmachen.

Auch bei den Getränken – früher habe ich gerne Cola getrunken – habe ich mich umgestellt. Heute liebe ich einfaches Leitungswasser, Bergtee, jedoch auch ein Glas richtig guten Wein, im Gegensatz zu früher allerdings lieber einen roten anstelle eines weißen.

Mit dieser Umstellung bekam ich immer mehr das Gefühl, gesünder zu leben, wieder besser denken zu können, fitter den Tag zu durchleben. Natürlich kann es auch damit zusammenhängen, dass ich mich im Gegensatz zu früher einfach mehr mit dem Thema Ernährung beschäftigte und sich somit mein Unterbewusstsein positiv darauf eingestellt hat, jedoch ist mir es grundsätzlich egal, was dazu geführt hat, dass ich mich so fühle – richtig ist, was funktioniert!

Was ich aus dem Gefühl heraus getan habe, findet heute, so kann man es überall nachlesen, wissenschaftliche Bestätigung. Eine vegetarische Ernährung beugt vielen Krankheiten vor bzw. hilft während der Heilung. Noch ein wichtiger Teil der Ernährung ist – man kann es kaum glauben – Licht, Sonnenlicht.

Nein, ich bin keine Spinnerin, die von Licht und Liebe allein leben kann, nur jemand, der wissen wollte, warum ich solche Sehnsucht nach Sonnenlicht bekam.

Früher war es nicht unbedingt mein Ding, in die Sonne zu gehen, heute renne ich ihr förmlich hinterher!

Ich fand heraus, dass deutsche wie auch amerikanische Studien zu dem Ergebnis kommen, ein Vitamin-D-Mangel wirke sich sehr ungünstig auf den Verlauf einer Krebserkrankung aus.

Vitamin D ist eigentlich kein richtiges Vitamin, denn es kann vom Körper selbst hergestellt werden. Für die Herstellung werden zwei wesentliche Substanzen benötigt, eine aus dem Körper und eine von außerhalb des Körpers – Cholesterin und Sonnenlicht.

Mein Bauchgefühl sagte mir also: „Geh raus und nutze jeden Sonnenstrahl, den du abkriegen kannst!"

Der Atem des Todes – Der Atem des Lebens

Immer wieder komme ich auf das Riechen und Schmecken, so auch jetzt, wenn ich über die Atmung ein paar Worte schreiben möchte.

Einige Wochen vor der Operation hatte ich oft das Gefühl, mein Atem sei sehr eigenartig. Mein Mann sagte zwar nichts, aber ich bemerkte auch selber, dass es ein unangenehmer Geruch war.

Ich putzte mir noch öfter die Zähne als üblich, aber es blieb. Was eine im Grunde nebensächliche Erwähnung ist, wurde im Nachhinein ein sehr entscheidender Punkt, mich mehr mit meiner Atmung auseinander zu setzen. Haben Sie sich schon mal wirklich Gedanken um Ihre Atmung gemacht? Ich jedenfalls 50 Jahre lang nicht.

Wichtig war für mich, Hauptsache, es klappt, ein – aus – ein – aus – ein usw.

Die Situation änderte sich schlagartig am dritten Tag nach meiner Operation. Mit all den Schläuchen an und in mir war an ein Aufstehen nicht zu denken und ich war sowieso noch völlig verspannt und verkrampft von der Operation, vom langen Liegen. Was also konnte ich tun?

Eine Schwester sagte zu mir, wenn ich mich etwas mehr auf meine Atmung konzentrieren würde, also langsam einatmen, 3-4 Sekunden lang, und genauso wieder ausatmen, wieder 3-4 Sekunden und vor allem regelmäßig, dazu ganz leicht eine Hand auf meinen operierten Bauch legen und mir vorstellen, dass ich etwas wunderbar Duftendes einatme, dann würde das den Heilungsprozess in meinem Körper aktivieren.

Nun erinnerte ich mich an meinen Atem, der meiner Meinung nach nicht so angenehm war, aber die Schwester, sie stammte von den Philippinen, erklärte mir, das sei jetzt vorbei.

Vorher sei es der Atem des Todes gewesen, nun sei der Atem des Lebens zurückgekehrt – alles würde wieder duften, nicht riechen!

Vorher der Atem des Todes, jetzt wieder der Atem des Lebens – hört sich an wie ein Groschenroman oder ein Abenteuerfilm mit Piraten.

Ich hielt mir, so gut ich konnte die Hand vor den Mund und ich glaubte daran, dass es wirklich anders war.

Ob Einbildung oder Wahrheit, ist mir heute auch wieder egal. Hauptsache, es funktioniert.

Nun, auf jeden Fall musste ich mich schon sehr

stark konzentrieren, um die Regelmäßigkeit hinzubekommen, was mir am Anfang nur schlecht gelang.

Ich bemerkte jedoch schnell, dass durch die Konzentration auf die Atmung und auf meine Gedanken an den Heilungsprozess der Schmerz im ganzen Körper wirklich etwas nachließ. Nun gut, auch das kann Einbildung gewesen sein, das ist mir jedoch egal, solange es funktioniert!

Später, als ich aus dem Krankenhaus wieder zurück und noch nicht so sehr mit Meditation vertraut war, habe ich eine andere Atemübung ausprobiert, die vorher wegen der Schmerzen beim Anspannen meiner Muskeln noch nicht gut machbar war.

Bei dieser Übung geht es darum, langsam einzuatmen und dabei die Muskeln im ganzen Körper anzuspannen. Ganz kurz halten Sie die Luft an und entspannen die Muskulatur wieder, während Sie langsam ausatmen.

Das habe ich drei bis vier Mal wiederholt, während ich meine CD Life Blood von Joanne Shenandoah & Peter Kater dazu hörte. Mich durchströmten Wärme, positive Motive und Bilder und mein Denken war weit ab von Schmerz und negativen Gedanken.

Eine Art Seelenreise in lebendig! Auch heute noch nutze ich verschiedene Atemübungen, welche ich in der Zeit bis heute neu erlernt habe, kurz nach dem Wachwerden zur Vorbereitung auf den Tag genauso wie in der Mittagszeit, wenn ich zur Ruhe kommen muss und möchte, sowie kurz vor dem zu Bett gehen.

Mit Sport gesund und motiviert

Als Kind war ich ziemlich sportlich, im jungen Erwachsenenalter habe ich sogar noch in einer Damenmannschaft Fußball gespielt, mir jedoch dabei das Schienbein gebrochen.

Die Heilung hatte recht lange gedauert, weil mir der Arzt immer wieder zu verstehen gegeben hatte, ich solle langsam machen, das Bein wenig belasten usw.

Heute weiß ich das besser. Damals habe ich mit der Zeit bemerkt, wie ich eher mehr Schmerzen bekam, je weniger ich tat! Als ich von mir aus wieder mehr Bewegung suchte, wurde es auch mit meinem Bein schneller wieder besser.

Diese Gedanken hatte ich auch nach Operation, Chemotherapie und Bestrahlung wieder im Kopf. Schnellstmöglich wollte ich zumindest wieder spazieren gehen und ganz schnell wieder sportlich aktiv sein. Nur, es ging nicht! Zum einen war es mein körperlicher Zustand, zum anderen jedoch mein geistiger, der das nicht zuließ. Wenn man dann noch eine Killerphrase à la „Reiß dich zusammen, das wird schon!" oder Ähnliches zu hören bekommt, ist es sowieso ganz vorbei.

Daher ist es meiner Meinung nach besonders wichtig, auch zu diesem Zeitpunkt dafür zu sorgen (oder sorgen zu lassen – ich hatte ja Erklärbär und Bodyguard in einem immer in meiner Nähe), dass einem diese Killerphrasendrescher nicht mehr zu nahe kommen!

Das Einzige, was man durch die bekommt, ist ein schlechtes Gewissen, Schuldgefühle sich selbst gegenüber, aber keinesfalls die notwendige Motivation zur Aktivität.

Im Regelfall beginnt die Aktivität bereits im Krankenhaus. Wenn das, wie in meinem Fall, noch nicht möglich ist, spätestens in der Rehabilitation. Auch hier gilt, nicht übertreiben, es braucht Geduld.

Ein Wort, ein Zustand, eine Eigenschaft, die ich erst erlernen musste. Wunderbar ist es, am Anfang spielerische Aktivitäten im Wechsel mit körperlichen und geistigen zu absolvieren, daher kann ich nur jedem sagen, eine Rehabilitation ist auf jeden Fall sinnvoll!

Ich zumindest lernte so, geduldiger zu werden im Spiel, beim Denken und bei meinem Drang bzw. Nichtdrang zu Bewegung.

Meine Winterspaziergänge, so langsam sie auch waren, lehrten mich drei Dinge:

1. Hab Geduld mit deinem Körper.

2. Hab Geduld mit deinem Geist.

3. Hab Geduld mit deiner Seele.

Es ist manchmal besser, geduldig, langsam und mit Pausen dahin zu schreiten, als überhastet zu gehen und sich zu überanstrengen. Alles hat seine Zeit, alles geht seinen Weg.

Hauptsache, du machst deine ersten Schritte, Hauptsache, du siehst, dass es geht, Hauptsache.

Es ist wichtig für mich gewesen, das zu verstehen und trotzdem mein Pensum in kleinen Schritten zu steigern. Auf der einen Seite ist es wichtig zu erkennen, dass Nichtstun zu weiteren Erkrankungen führen kann, der Körper dadurch noch schwächer wird und auch die Gefahr eines Rückschlags größer wird.

Genauso verhält es sich jedoch, wenn man die Aktivitäten übertreibt. Auch das kann zum Raubbau am Körper führen und ein negativer Effekt stellt sich ein.

Visionen – Ziele

Sehr vieles hat sich in meinem Leben verändert, sogar ganz neue Ziele, nie gedachte Visionen haben sich nun in meinem Kopf festgesetzt.

Einige habe ich bereits erreicht. In der Zeit bis August 2007 hatte ich nicht wirklich viele eigene Ziele und Visionen, habe eher die meine Mannes mit übernommen, was kein Vorwurf an ihn sein soll – nein, es lag ja in meiner eigenen Verantwortung.

Was können denn andere dafür, wenn man sich keine eigenen Gedanken macht?

Daher stellt sich heutzutage für mich auch keine Schuldfrage bei den Dingen des Lebens. Schuldzuweisungen sind nicht mehr mein Ding, denn sonst müsste ich ja mir selbst Schuld zuweisen und das macht echt keinen Spaß.

Die erste Vision hatte ich in der Reha: Mein eigenes Buch mit meinen Erfahrungen, um eventuell anderen Betroffenen Mut zu machen. Ich schreibe es gerade!

Ein weiteres Ziel war, meine Kommunikation nicht mehr meinem Mann zu überlassen, was ich aus Angst und auch aus Faulheit gerne mal getan habe.

Auch hier bin ich durch die Unterstützung meines Coaches Stéphane Etrillard einen riesengroßen Schritt weiter und habe sogar schon einige Interviews für Magazine gegeben und auch welche vor laufender Kamera. Stéphanes Seminare zum einen und unsere Coachinggespräche, auch wenn sie mal sehr streng ausfielen, zum anderen halfen mir sehr.

Dafür, dass ich das überhaupt gemacht habe, muss ich auch wieder meinem Mann danken, denn er war es, der mich drängte, ein solches Coaching mitzumachen. Auch wenn mein Mann auf seine Art ein hervorragender Coach ist, so glaube ich, ist es in einem solchen Fall doch besser, auf einen anderen Coach zurückzugreifen, denn er hat mehr Abstand zu mir, meiner Situation, hat insgesamt einen größeren Überblick.

Ich wollte eine in meinen eigenen Augen attraktive Frau werden, was ich nun glaube zu sein. Jedoch anscheinend nicht nur für meine Augen, denn ich arbeite nun ab und zu auch als Ü50 Modell.

Auch habe ich während der Rehabilitation begonnen, meine Gefühle in Kunst auszudrücken. Somit war ein weiteres Ziel, meinen eigenen künstlerischen Weg zu finden, was ich gerade tue:

Erste Bilder von mir waren schon in Ausstellungen in Berlin zu sehen, ich bin bei Kunsthändlern gelistet, es geht auch da voran.

Ich werde weiterhin so viele Seminare besuchen, wie ich kann, denn auch da habe ich gelernt, es gibt immer etwas, was ich mitnehmen kann – eine Idee, ein Gedanke reicht schon und alles hat sich gelohnt!

Warum ich das behaupte?

Weil ich meinen Buchtitel einem Seminartag bei Siranus Sven von Staden zu verdanken habe. Dort gab es eine Übung, deren Ende darin bestand, an ein Phantasiewort zu denken.

Ich suchte eine Beschreibung für meinen Weg der Geduld, und als ich an der Reihe war, es zu erklären, fiel mir einfach nur **DULIDU** ein.

Veränderte Tagesabläufe

Immer, wenn ich auf meine Zeit der Abwesenheit meiner Gesundheit angesprochen werde – was im Grunde täglich passiert – erzähle ich hauptsächlich von meiner geänderten Lebenseinstellung, meinem veränderten Denken, meiner veränderten Ausdrucksweise und Verschiedenem mehr.

In allen Bereichen habe ich mich verändert, weiterentwickelt. Wichtig ist für mich in diesen Gesprächen auch zu erklären, dass es für mich nicht den einen Weg gibt, körperliche, geistige oder seelische Krisen zu meistern.

Ich weiß nicht, ob ich ohne Operation, ohne Chemotherapie, ohne Bestrahlung heute noch leben würde.

Man kann jedoch auch nicht sagen, dass ich es nur mit Alternativen geschafft hätte. Ich glaube in meinem Fall an eine Kombination aus vielen Methoden. Jeder muss seinen eigenen Weg finden.

Auch möchte ich nicht behaupten heute sei alles viel besser als vorher, denn die unterschiedlichsten Probleme gab es vorher und es gibt sie auch jetzt noch.

Mein Umgang mit Problemen hat sich jedoch geändert, was mir in allen Bereichen meines Lebens zugute kommt. Manchmal ist eine Krankheit auch ein Weg, Entscheidungen zu treffen oder zu lernen, Verantwortung für sich und sein Leben zu übernehmen. Vielleicht waren die medizinischen Wege ja Unsinn, was meinen Körper betrifft.

Psychologisch waren sie für mich jedoch so wichtig, dass sie mir gerade deshalb geholfen haben. Ich weiß es nicht, und es ist mir letztlich auch egal. Wichtig ist für mich nur, dass ich die Chance bekommen habe, einen zweiten Versuch zu unternehmen, mein Leben zu gestalten.

Kleinigkeiten machen mein Leben nun anders als vorher. So besitze ich natürlich noch Uhren, brauche jedoch keinen Wecker mehr. Ich werde jeden Morgen gegen 6 Uhr wach, strecke mich und beginne im Bett liegend mit meinen Atemübungen. Danach meditiere ich darüber, wie ich mir den Tagesverlauf vorstelle, angefangen mit dem Frühstück, über meine Gefühle, wenn ich zur Tür hinaus und zum Auto gehe bis zu meinen Gedanken während der Fahrt über die Landstraße zum Studio.

Auch stelle ich mir vor, wie ich mit den Mitarbeitern spreche, wie ich sie heute begrüße oder welche Portraits ich heute machen möchte.

Ich durchdenke den Tag bis zu dem Zeitpunkt, an dem ich wieder ins Bett gehe. Dann stehe ich auf und beginne meine Qigong Übungen oder lege eine CD auf und tanze – nur für mich.

Ein Ziel, das ich für mich definiert habe, ist, mein Leben leichter zu leben als vorher. Leicht zu leben beginnt im Denken und geht weiter im Handeln.

Wo es mir vielleicht früher peinlich war, mich so zu bewegen, wie ich gerade fühlte – sogar vor mir selber – so ist es mir heute egal, was andere davon halten und was ich früher davon gehalten hätte. Vorher gab es eine Vorgabe, einen bestimmten Druck, wie ich mich zu verhalten und zu bewegen hatte, der ist nun weg!

Da ich jeden Abend die von meinem Mann selbstgebackenen Brötchen oder Brote aus der Kühltruhe nehme, habe ich am Morgen zum Frühstück immer das Gefühl, es kommt gleich etwas Leckeres auf mich zu.

Das ist ein gutes Gefühl!

Vorher habe ich mir darum überhaupt keine Gedanken gemacht, sondern einfach gefrühstückt, weil man ja was essen muss. Frühstücken und Frühstücken ist nicht unbedingt immer das Gleiche.

Heute gehe ich nach dem Frühstück mit einem guten Gefühl zum Auto. Früher habe ich mich reingesetzt, das Auto gestartet und bin losgefahren.

Heute bedanke ich mich nach Art der Indianer dafür, dass ich ein Auto habe, dass ich es fahren darf und fahren kann. Erst dann starte ich das Auto wie beschrieben.

Früher bin ich meist abgehetzt ins Studio oder ins Geschäft marschiert, habe einen Morgengruß gemurmelt und der Arbeitstag begann.

Mittlerweile gehe ich eher achtsamen Schrittes, atme dreimal tief durch, bevor ich die Tür aufsperre und denke nochmal über meine Begrüßung nach.

Nun beginnt der Arbeitstag viel entspannter, ruhiger, achtsamer. Läutete früher das Telefon, bin ich fast hingerannt, um den Anruf entgegen zu nehmen, was mich jedes Mal stresste und auch dem Anrufer immer ein Gefühl von Hektik vermittelte.

Heute atme ich auch wieder dreimal tief ein und

aus, denke an das Glück, dass ich überhaupt noch telefonieren kann, hebe den Hörer ab und melde mich mit einer ausgeglichenen, freundlichen Stimme.

Das sind nur einige Beispiele, die verdeutlichen sollen, dass man durch eine veränderte persönliche Einstellung, einen veränderten Umgang mit sich selbst und anderen enorm viel für seine Gesundheit tun kann und manchmal sogar etwas für seinen Umsatz.

Das Sterben und der Tod

An einem Thema kommt man irgendwann im Leben nicht mehr vorbei, dem Sterben und dem Tod.

Wie so viele Menschen, gehörte auch ich zu denen, die den Tod verdrängten. Vielleicht war es Aberglaube, dass man sich bereits in Gefahr begibt, es einen schnell ereilt, wenn man nur darüber spricht.

Ich gehörte vor der Abwesenheit von Gesundheit auch zu denen, die im Tod nur den Verlust sehen, den Verlust des Körpers, des Geistes, des Lebens. Ich habe nie wirklich darüber nachgedacht, dass alle Weltreligionen erklären, nach dem Tod sei es eben nicht zu Ende.

Jede Religion hat zwar ihre eigene Vorstellung von dem, was da kommen wird oder soll, jedoch ist in keiner Religion die Rede davon, dass es wirklich zu Ende ist.

Dass also der Tod mit zum Leben gehört, ist kein flapsiger Spruch, sondern etwas, woran ich heute glaube.

Unsere menschliche Ignoranz verursacht die Angst vor dem Tod, was bitte nicht mit der Angst vor dem Sterben zu verwechseln ist.

Heute habe ich keine Angst mehr vor dem Tod. Ich denke, wenn es so weit ist, werde ich ihn begrüßen und mein jetziges Leben loslassen.

Es bedeutet nicht, dass ich mich darauf freue, sondern nur, dass ich es dann akzeptieren werde. Wovor ich jedoch immer noch Angst habe, ist das Sterben als solches. Sterben kann schnell und recht schmerzlos sein, für manche Schmerzpatienten vielleicht auch eine lebendige Erlösung auf dem Weg zum Tod, es kann aber auch ein langer, schmerzhafter Vorgang sein – sei es körperlich oder auch geistig.

Ich habe mich bereits einmal im Geiste darauf vorbereitet und ich tue es immer wieder mal. Nicht offen, nicht laut, nur kurz und leise, ganz für mich. Zu dieser Vorbereitung gehört allerdings etwas Entscheidendes: sein Leben zu leben!

Ein Leben zu leben, das mir gefällt, denn wer weiß, vielleicht kann ich die Erfahrungen aus diesem Leben ja irgendwann in einem anderen Leben gebrauchen.

Ich denke, wenn das Leben und der Tod zusammen gehören und der Tod einfach nur der nächste Schritt für mich ist, sollte ich so viel Positives mitnehmen, wie es mir möglich ist.

Ich sollte mich nicht mit irgendwelchen negativen Dingen belasten. Es sollte für mich möglich sein, leichtfüßig hinüber zu schreiten, nicht mit einem dicken, schweren Rucksack.

Heilung kann uns immer und auf unterschiedlichsten Wegen widerfahren. Jeder Einzelne muss auch diesen Vorgang für sich individuell interpretieren und definieren.

Auch der Tod kann Heilung bedeuten, jedoch möchte ich nicht damit enden, den Tod in irgendeiner Form als erstrebenswertes Ziel anzusehen. Es gilt ihn zu akzeptieren, jedoch vorher zu leben, sein Leben zu genießen, derjenige zu sein und zu werden, als der man sich wohl fühlt.

Niemand weiß wirklich, was uns erwartet, weder im Leben noch im Tod. Seien wir also neugierig auf alles, was noch kommt und sehen wir ab und zu die Sterne an, sehen wir hinaus ins Universum, ob mit den Augen oder in Gedanken.

Der bereits so häufig erwähnte Peter Kater hat mir für diesen Gedanken einen Text zur Verfügung gestellt, der das meiner Meinung nach sehr gut erklärt. Der Text wurde sehr liebevoll und feinfühlig übersetzt von einem der liebenswürdigsten Trainer und Redner, dem ich dafür herzlich Danke sagen möchte.

Epilog von Peter Kater

Wir sind die Augen, Ohren und Herzen des Universums. Das Universum existiert in uns wie wir in ihm.

Die eine Bewusstheit leitet uns und kommuniziert mit uns auf einer Vielzahl von Wegen; durch unsere Intuition, die Natur, ein mitgehörtes Gespräch, unsere Gedanken und durch unsere Freunde und Angehörigen.

Mein Leben ist am erfülltesten, reichsten und lebendigsten, wenn ich das Gewahrsein der Heiligkeit allen Lebens und aller Erfahrungen im Leben in mir spüre.

Diese Kunst, Zugang zu den tiefreichendsten Plätzen und zum Bewusstsein des eigenen Seins zu erlangen, wird seit Tausenden von Jahren in einer Vielzahl von Wegen geübt.

Auch heute verbinden wir uns wieder mit unserem tieferen, inneren Sein auf vielerlei Weise – indem wir Qualitätszeit alleine verbringen, bewusst bei unseren Freuden und Angehörigen sind, geeignete Formen der Heilung nutzen und Zeit in der Natur verbringen.

Wir können innehalten, Bilanz ziehen und uns fragen, ob wir unseren tieferen Bedürfnissen und Gefühlen auch ausreichend Raum geben. Wir können es dann zulassen, diese Schutzschilde aus Stress und Abschirmung zu senken, wenn wir uns der betäubenden Geschwindigkeit unserer Gesellschaft und der Überreizung des Sensationsgeheisches unserer Medien entziehen.

Mit der Zeit gelangen wir an unseren innersten, vertrautesten Kern und erleben bewertungslose Selbstliebe und Anerkennung.

Wir durchmessen die innere Größe Schritt für Schritt und erleben unser Sein als Teil der großartigen Vielfalt von Himmel und Erde. Das ist unser Geburtsrecht … und hier finden wir Heilung.

Peter Kater

www.peterkater.com

Zur Autorin

Rosemarie Hofer , geb. Kloft, wurde 1957 in einem kleinen Dorf im Westerwald geboren, wo sie mit drei Geschwistern auf dem kleinen elterlichen Bauernhof lebte.

Nach dem Volksschulabschluss begann sie mit 14 Jahren ihre Ausbildung zur Fotolaborantin, die sie zwei Jahre später mit Erfolg abschloss. Sie begann sogleich noch eine weitere Ausbildung – die zur Fotografin, die sie nach zwei Jahren beendete.

Sechs Jahre später kam ihr erster Sohn Matthias auf die Welt und zwei Jahre danach heiratete sie ihren ersten Mann, doch war diese Ehe nicht so erfolgreich wie geplant und wurde nach knapp zweieinhalb Jahren wieder geschieden.

Bis 1989 war sie als angestellte Fotografin, dann als selbstständige Fotografin und bis 1990 auch als alleinerziehende Mutter mit vielen Unwägbarkeiten und Problemen konfrontiert.

Ihren jetzigen Mann Jonny Hofer heiratete sie im Herbst 1990. Aus dieser Verbindung stammt ihr zweiter Sohn Andreas.

In den nächsten Jahren folgten Firmengründungen mit teilweise bis zu 20 Mitarbeitern.

In dieser Zeit beschäftigte sich Rosemarie Hofer

bereits mit der Thematik des positiven Denkens, inspiriert durch Dr. Joseph Murphy und Erhard F. Freitag.

Im August 2007 bekam sie die Diagnose Gebärmutterhalskrebs. Sie wurde umgehend mit schulmedizinischen Methoden (Operation, Chemotherapie, Bestrahlungen) behandelt.

Schon früh begann sie parallel auch mit alternativen Methoden: Positives Denken, Aktivierung des Unterbewusstseins, Musik, Meditation, Hypnose, Spaziergänge in der Natur, Ernährungsumstellung, künstlerisches Gestalten.

Im Jahr 2008 startete sie den langsamen Neubeginn in ihrem Beruf.

2012 hatte sie sogar ihren ersten Modell-Job als „Über-50-Jährige".

Die erste Ausstellung Cube Flowers PHOTO ART° by Rosemarie Hofer, fand 2013 statt.

Zeitgleich wurden einige Printmagazine auf ihren Lebensweg aufmerksam, und so wurde sie in der Öffentlichkeit etwas bekannter.

In dieser Zeit schrieb Rosemarie Hofer für kleinere Printmagazine oder auch Online-Magazine einige Essays.

In den sozialen Medien veröffentlichte sie ihre

ersten Tagesgedanken, die von immer mehr Menschen täglich erwartet wurden. So wurde eine Tagesgedanken-App entwickelt, mit der Handynutzer diese täglich kostenlos auf ihr Handy geschickt bekommen können.

Daraus entstand die Idee eines Geschenkbuches in Form eines Tischaufstellers: DULIDU – 52 Gedanken für ein authentisches Leben, erschien Ende 2014 in der Edition Forsbach.

Das erste Buch von Rosemarie Hofer: DULIDU – Geduldig habe ich den Krebs besiegt halten Sie nun in Ihren Händen.

Hier beschreibt sie aus ihrer eigenen Erfahrung, was die heilende Kraft unseres Unterbewusstseins, die Kraft des bewussten und positiven Denkens und der daraus resultierende Lebenswille vermag. Sie zeigt an ihrem Beispiel, dass jeder Mensch die individuelle geistige Kraft und die Weisheit in sich trägt, mit der es möglich ist, auch die schwersten Krankheiten und Lebenskrisen zu besiegen.

Es gibt kein „zu spät" für neue Ziele und Visionen!

Danke

Es ist eine Tatsache, dass der Dank zu einem noch viel größeren Teil meines Lebens geworden ist, als er es vor den Erlebnissen dieses Buches war. Der Grund dafür – ganz einfach, ich habe erlebt wie wichtig andere Menschen für uns sind und wie dankbar ich sein darf, viele von ihnen um mich zu haben. Ich habe keine wertende Reihenfolge gewählt mich zu bedanken, sondern die, welche aus meiner Sicht speziell für dieses Buch passt.

Zunächst möchte ich meiner ersten Verlegerin Dr. Beate Forsbach danken, die genau wie ich möchte, dass möglichst viele Menschen erkennen, dass nicht der Arzt, die Medizin, der Heiler oder jemand anderes für die Heilung von einer Krankheit verantwortlich ist.

Diese Menschen können nur eine Hilfestellung sein, denn heilen kann man sich nur selbst. Ohne eine gute Lektorin ist ein gutes Buch auch nur schwer möglich und daher geht mein Dank an Ellen Heidböhmer, die hier hervorragende Arbeit geleistet hat.

Aus meinem „inneren Zirkel" möchte ich als Erstes meinen drei Männern, Andreas, Matthias und Jonny danken, denn ihre Zuversicht und ihr Optimismus waren immer ansteckend und manchmal auch notwendig.

Meinen Geschwistern Doris, Hubert und Christa sowie ihren Familien möchte ich danken, weil sie jederzeit für mich da waren.

Danke sagen möchte ich auch meinen Schwiegereltern Anita und Walter (der leider noch vor Fertigstellung dieses Buches selbst an Krebs gestorben ist).

Auch meinen wichtigsten Freunden möchte ich danken: Dir, liebe Inge dafür, dass wir bereits seit Kindertagen befreundet sind und ich immer auf dich zählen kann.

Euch, liebe Birgit und lieber Hans-Dieter dafür, dass ihr meine Launen und das ewige Auf und Ab so tapfer ertragen habt.

Dir, liebe Uta dafür, dass du mich immer wieder eingepackt hast, um mit dir auf Seminare zu gehen, von denen ich nichts wusste, die mir jedoch so viel gebracht haben, und in dem Zusammenhang speziell unser erstes bei Pierre Franckh und Michaela Merten, denen ich auch auf diesem Weg Danke sage.

Danken möchte ich vor allem auch Frau Dr. med. Barbara Buchen. Fachärztin für Gynäkologie und Geburtshilfe in Hachenburg, die dafür gesorgt hat, dass ich die beste ärztliche Versorgung bekommen habe, sei es bei ihr in der Praxis oder später in der Uniklinik Bonn, deren Personal ich auch aufs Herzlichste Danke sagen möchte.

Einen weiteren Dank möchte ich sagen an Ute und Phillip, deren CD Geschenk Life Blood von Peter Kater und Joanne Shenandoah mir zu vielen wunderschönen und entspannten Stunden verholfen hat.

Gleichzeitig möchte ich mich auch bei diesen beiden Künstlern bedanken. Bei Peter Kater allerdings ganz besonders, da der Epilog meines Buches aus seiner Feder stammt.

Dazu auch noch mein Dank an Martin Laschkolnig, der diese Zeilen für mich ins Deutsche übersetzt hat.

Einem Menschen möchte ich in diesem einzelnen Satz danken: demjenigen, der mich viele Wochen lang immer pünktlich zu meinen Terminen gefahren hat und der immer gut gelaunt war, dem besten Taxifahrer der Welt, Ulrich Börner.

Danke auch an Dr. Heinz Mastall (Elbtal), die Gesellschaft für Biologische Krebsabwehr e.V. (www.biokrebs. de), Georg Hoffmann (Dornburg) und Anna Katharina Lahs (Pottum) für die alternativen Hilfen zur Heilung.

Menschen, denen ich noch besonders danken möchte, da ich sie als eine Art Lebenslehrer für mich sehe, deren Seminare, Bücher sowie deren Persönlichkeit dazu geführt haben, dass ich mich mit der Kraft des menschlichen Denkens befasst und auch viel von diesem Wissen genutzt habe sind Nikolaus B. Enkelmann, Erhard F. Freitag, Kurt Tepperwein, Prof. Dr. Lothar Seiwert, Sabine Asgodom und Monsieur Stephane Etrillard!

Meinen ersten Job außerhalb des eigenen Fotostudios bekam ich nach meiner Abwesenheit von Gesundheit von der GSA Geschäftsstelle in Person von Claudia Haider und ihrem Mann Siegfried. Vielen Dank für euer Vertrauen in mich nach bereits so kurzer Zeit.

Innerhalb der COGNITIO AG möchte ich mich bei allen Mitarbeitern bedanken, die sich so großartig für die Firma eingesetzt haben und mich auch immer wieder bereitwillig auf meinem Weg zurück ins Berufsleben unterstützt haben.

Ich möchte noch meinen Freunden Isil und Rainer danken, die nicht nur Mitgefühl zeigten, sondern immer einen guten Espresso mit einem kleinen Glas Wasser und einen guten, frisch gepressten Orangensaft für mich hatten.

Zum Schluss bedanke ich mich bei dem Menschen, dem ich im Geiste bereits ganz am Anfang im Stillen gedankt habe.

Dem, der nie aufgegeben hat und dessen Antwort an alle Fragenden dieselbe wäre, wenn die Frage käme, wer ist denn der wichtigste Mensch in deinem Leben?

Meine Antwort wäre: „Ich".

Nur, wenn man an sich glaubt, kann man auch vieles schaffen.

Westerburg, Dezember 2014

Rosemarie Hofer

Peter Kater und seine Musik

Peter Kater ist ein deutschstämmiger US-amerikanischer Pianist, Komponist und Musikproduzent.

Er wurde bereits zehnmal (Stand 11.2014) für den wichtigsten Musikpreis der Welt, den Grammy, nominiert.

Als Pianist und Komponist hat er viele Millionen Alben verkauft und gilt als führender Innovator weltweit für zeitgenössische Instrumentalmusik, und das seit über drei Jahrzehnten.

Seine Musik wird an vielen verschiedenen Standorten der Erde gespielt und gehört, sei es in Heilungszentren, bei den Olympischen Spielen oder in der Carnegie Hall in New York.

Er hat für Präsidenten und viele Würdenträger weltweit gespielt, für über 100 TV- & Film-Produktionen Musik komponiert und eingespielt, für 11 On- & Off-Broadwaystücke die Musik geschrieben.

Er ist außerdem stolzer Empfänger des Environment Leadership Award der Vereinten Nationen.

Die CDs der Healing Series wurden von ihm entwickelt, um die Heilung des emotionalen Körpers zu unterstützen und zu nähren:

Essence webt feine Stränge aus den Tönen des Klaviers, des Cellos, des Gesangs, der Flöte und der Geige in ein zartes Geflecht von Klang und Stille, um die Heilungskräfte des emotionalen Körpers zu unterstützen und zu nähren. Zarte, fast intime musikalische Wandteppiche transportieren uns in unsere inneren Zentren, wo wir uns am nächsten sind und einander am nächsten kommen. Diese Aufnahme ist eine musikalische Kostbarkeit, bei der die eigenen Heilungskräfte, die kreativen Ausdrucksmöglichkeiten und alle Formen des Selbsterinnerns gedeihen können.

Compassion ist eine Reise voller außergewöhnlicher Bandbreite und Kraft, die uns durch unsere menschliche Erfahrung, in das Reich des universellen Bewusstseins und des Herzens des wahren Mitgefühls für uns selbst und andere trägt. Alte Gongs und Becken unterstreichen die üppigen musikalischen Wege welche unsere Sorgen und Freuden berühren.

Ambrosia enthält Musik für innere Reinigung, Inspiration, Begeisterung und Selbstdarstellung.

Walk in Beauty ist die musikalische Unterlage für inneres Gleichgewicht, Integrität, Anmut positives Handeln und einem positiven Verhältnis zu sich selbst. Immer schon wurde in der indianischen Kultur betont, wie wichtig es ist unserer Erde mit Respekt, Aufmerksamkeit und Rücksicht zu begegnen, auch im Hinblick auf kommende Generationen. Diese Musik ist eine musikalische Alchemie zwischen moderne und indianischer Kultur und somit einfach faszinierend, denn sie segnet unsere heilige Reise zu unserem Sinn, unserer Vision und Liebe.

Cloud Hands: Diese Musik ist speziell geeignet für Tai Chi, Qi Gong, Yoga, alle anderen spirituellen Künste, aber auch zum Wandern und weiteren Bewegungsarten. Wenn Geist und Seele im Einklang sind gelingen auch körperliche Bewegungen am besten. Diese Musik ist bewegte Meditation in Klangform, also lassen sie sich durch die Sechs Harmonien in perfekte Leere, Präsenz und Harmonie führen.

Light Body: Diese Musik wurde als ein erhebender und unterstützender auditiver Begleiter für viele Herausforderungen, Übergänge und Metamorphosen des Lebens geschaffen.

Sie ist besonders beruhigend und inspirierend für Menschen im täglichen Stress, während einer Krankheit, psychischen Verletzungen und sogar für jene, welche sich im Prozess des Sterbens befinden.

Illumination nimmt uns in vier musikalischen Bewegungen mit auf eine innere Reise der Erleuchtung, Kreativität und Erkenntnis, zentriert in der wundervollen Geräumigkeit und verführerischen Landschaft des Herzens. Es wurde eine Atmosphäre von Liebe, Mitgefühl, Heilung und Weite kreiert, welche die Flamme von Erleuchtung, Kreativität und Erkenntnis wiederspiegelt, pflegt und nährt.

LOVE: Durch die Liebe inspiriert: Improvisationen und Kompositionen für Solo Piano.

Kontakt und Möglichkeiten, viele CDs kostenlos vorab zu hören:

www.peterkater.com

Stark gegen Krebs e.V.

• Veranstaltungen, die informieren

• Veranstaltungen, die Mut machen

• Veranstaltungen, die den Optimismus stärken

Information ist der erste Schritt, um Menschen zu motivieren.

Deshalb steht Information im Zentrum der Arbeit des gemeinnützigen Vereins STARK gegen KREBS e.V. Diese soll Krebskranken, deren Angehörigen und Freunden Mut machen im Kampf gegen den Krebs. Sie soll ihren Optimismus stärken und zeigen, dass das Leben auch mit der Diagnose Krebs lebenswert ist.

Denn wir sind überzeugt:

Mut und Optimismus helfen, das Leben zu verlängern, ja vielleicht sogar, den Krebs zu besiegen.

Die Psyche spielt eine wichtige Rolle im Kampf gegen die Krankheit. Sie gilt es zu stützen und zu stärken. Dazu informieren wir in Vorträgen, Film und Theatervorführungen, Lesungen und Beratungen für Betroffene und ihre Angehörigen.

Wir richten uns auch an Menschen, die der

Krankheit vorbeugen wollen. Die eigene Situation und das eigene Schicksal zu akzeptieren ist die Basis für ein lebenswertes Leben trotz Krebserkrankung. Für unsere Veranstaltungen nehmen wir kein Honorar.

Alle arbeiten ehrenamtlich im gemeinnützigen Verein

STARK gegen KREBS.

Unser Angebot finden Sie auf unserer Homepage:

www.STARKgegenKREBS.de

Schreiben Sie uns oder rufen Sie uns an!

Dr. med. Bernd Schmude

1.Vorsitzender STARK gegen KREBS e.V.

Im Handel

DULIDU
52 GEDANKEN FÜR EIN
AUTHENTISCHES LEBEN

ROSEMARIE HOFER

ERSCHEINUNGSTERMIN :

DEZEMBER 2014

Im Handel

DULIDU
Inspirierende Gedanken & Geschichten

Rosemarie Hofer

Erscheinungstermin :

Dezember 2016

Vorankündigung

DULIDU
Achtsamer Leben
durch Affirmationen

Rosemarie Hofer

Voraussichtlicher
Erscheinungstermin :

Juni 2017

Vorankündigung

DULIDU
IN MIR FINDE ICH MEIN LEBENSGLÜCK

ROSEMARIE HOFER

VORAUSSICHTLICHER
ERSCHEINUNGSTERMIN :

NOVEMBER 2017

Im Handel

DULIDU & PHOTO ART°

(KALENDER, 14 SEITEN)

PHOTO ART° BY
ROSEMARIE HOFER

ERSCHEINUNGSTERMIN :

JÄHRLICH
AB MÄRZ
NEU / AKTUALISIERT

Im Handel

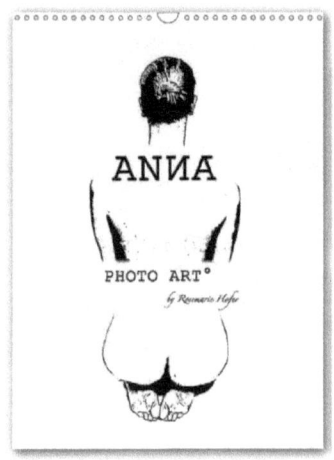

ANNA

(KALENDER, 14 SEITEN)

PHOTO ART° BY
ROSEMARIE HOFER

ERSCHEINUNGSTERMIN :

JÄHRLICH
AB MÄRZ
NEU / AKTUALISIERT

Im Handel

GEOMETRIC
ZARTE EROTIK

(KALENDER, 14 SEITEN)

PHOTO ART® BY
ROSEMARIE HOFER

ERSCHEINUNGSTERMIN :

JÄHRLICH
AB MÄRZ
NEU / AKTUALISIERT

Im Handel

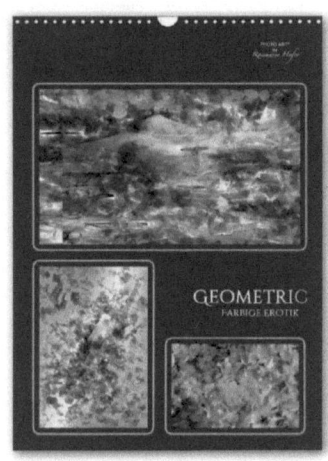

GEOMETRIC
FARBIGE EROTIK

(KALENDER, 14 SEITEN)

PHOTO ART° BY
ROSEMARIE HOFER

ERSCHEINUNGSTERMIN :

JÄHRLICH
AB MÄRZ
NEU / AKTUALISIERT

Im Handel

Cube Flower

POSTERBUCH

PHOTO ART° BY
ROSEMARIE HOFER

ERSCHEINUNGSTERMIN :

NOVEMBER 2013

Im Handel

Flower Explosion

POSTERBUCH

PHOTO ART° BY
ROSEMARIE HOFER

ERSCHEINUNGSTERMIN :

NOVEMBER 2013

Kontakt:

http://dulidu.de
http://rosemariehofer.de
http://rosemarie-hofer-photo-art.com

Inhaltsverzeichnis

Zeitfracht Medien GmbH
Ferdinand-Jühlke-Straße 7
99095 Erfurt, Deutschland
produktsicherheit@kolibri360.de